父母爱对了孩子才优秀

郑委 著

广东旅游出版社

中国·广州

图书在版编目（CIP）数据

父母爱对了　孩子才优秀 / 郑委著. — 广州：广东旅游出版社，2022.10（2022.11重印）

ISBN 978-7-5570-2827-5

Ⅰ. ①父… Ⅱ. ①郑… Ⅲ. ①家庭教育 Ⅳ. ①G78

中国版本图书馆CIP数据核字（2022）第130822号

出　版　人：刘志松
责任编辑：林保翠　俞　莹

父母爱对了　孩子才优秀
FUMU AIDUILE HAIZI CAI YOUXIU

广东旅游出版社出版发行
（广州市荔湾区沙面北街71号　邮编：510130）
印刷：文畅阁印刷有限公司
（河北省保定市高碑店市世纪大街北侧）
联系电话：020-87347732　邮编：510130
787毫米×1092毫米　　16开　　13.25印张　　148千字
2022年10月第1版
2022年11月第2次印刷
定价：49.80元

［版权所有　侵权必究］

本书如有错页倒装等质量问题，请直接与印刷厂联系换书。

前言
PREFACE

很多家长问过我同一个问题："我父母从小到大都不管我，但我现在很不错。我这么努力管我的孩子，他怎么还这么多问题，怎么这么不听话？现在做父母真难啊！"

你是不是也有这样的困惑？

我从1996年开始进入教育行业。2006年，我提出了爱与幸福理论，并不断地打磨、完善、践行、传播，到现在也有17年了。在此期间，我阅读了大量的教育理论书籍，接触了大量的问题家庭和"问题"孩子，我发现，父母在教育孩子方面可以分为三类：

一类父母是不懂教育，"不负责任"；

一类父母是很懂教育，特负责任；

一类父母是不懂教育，特负责任。

第一类，不懂教育、"不负责任"的父母。我将"不负责任"加了引号，因为我想到了我的家庭。

我小时候，家里有兄弟姐妹三人，我的父母下班回家并不在意我们，而是在意他们的父母。他们回家先问爷爷奶奶吃了、喝了没有，睡觉前给他们倒洗脚水，总之一切以爷爷奶奶为中心。他们挣的钱也不多，没给我们好吃好穿，家务都是分派我们三个孩子去做。另外，早上起床、写作业，他们也不管，都是我们三个互相督促。

看起来，我的父母不怎么关爱孩子，对孩子很不负责任是吧，但是他们却负了最重要的责任。我们三个很小的时候就知道长大了要孝顺他们；我们很小的时候就承担了很多事情，有了担当，学会了负责任。现在我们三个各方面也都很好。

第二类，很懂教育、特负责任的父母。这种父母也能把孩子教育得很好。最明显的例子就是"孟母三迁"。

第三类，不懂教育、特负责任的父母。这类父母最可怕，但是数量却特别庞大。这类父母十分在意孩子，觉得自己特别爱孩子，满足孩子各种物质需求，盯着孩子的衣食住行、学习成绩，让孩子只管学习，不管其他。他们想当然地用自以为正确的个人经验教育孩子，但是他们所使用的可能是并不正确的知识和方法、并不正确的"文化"和"智慧"。孩子在他们的这种教育方式下出现了很多问题。

回到开头那个问题，你有没有想过，你是上面三类家长中的哪一类呢？

你的父母可能是第一类，他们不懂教育，也不怎么管你，对你"不负责任"，但是你却成长得很不错。

你是不是第三类，不懂教育、特负责任的那种家长？你对孩子爱错了，你不是在真爱你的孩子，所以孩子出现了很多问题。正如卢梭所

前言
PREFACE

言:"误用光阴比虚掷光阴损失更大,教育错了的儿童比未受教育的儿童离智慧更远。"

孟子说:"贤者以其昭昭使人昭昭,今以其昏昏使人昭昭。"真正优秀的贤者君子,因为自己明白,所以帮助别人明白;因为自己懂得,所以帮助别人懂得。我懂教育,我再去教育别人;我知道爱是什么,我再去爱别人。

但现在很多父母"以其昏昏使人昭昭",自己什么都不懂,用自以为正确的理念和方法,天天围着孩子转,并要求他昭昭。一个昏昏的人,想让孩子变得昭昭,有多大可能?

我们现在物质条件很丰富,但是我们的精神世界是否还很匮乏?我们追求物质的速度远远超过了追求精神的速度。很多人的人生目标是物欲,是找到好工作,有一份好收入,买一所大房子,每天衣食无忧地生活。我们还把物欲包装成了理想和目标,自己骗自己。

我们能骗过其他人,也能骗过自己,但是我们骗不过孩子。如果你的内在是一个功利的人,是一个物质的人,是一个虚荣的人,是一个拜金的人,你的孩子在自己家里就感受不到爱,感受不到成长为一个优秀的人所需的基本能量和精神食粮。

当你的孩子出现各种各样问题的时候,当你的孩子不让你省心和顺心的时候,当你的孩子陷入困境的时候,你要想一想,你是否是"昏昏"的,你是否是一个不懂教育、特负责任的家长?

所以我想告诉大家:

教育孩子之前,先看看自己,看看自己走的是否为正确的人生道路，用的是否为正确的教育之道，是不是真的会爱孩子。

这也是为什么我会独辟蹊径，选择三十组关键词语来为大家讲述有关家庭教育的内容。因为人会想当然，一个人几十年的生活和成长经验，会让他自以为是。

如果确定自己不会教育孩子，不会爱，你是先让自己学会教育，学会爱，还是按原有的方法教育孩子？

会爱才是真爱，真爱需要学习。

"爱与幸福"做的家庭教育，其实是做人的教育。我们看似在做家庭教育，实际上教育的是成人。我们把家长拉到正确的教育之路上，孩子自然也就在正道上。只有父母真正懂得幸福、优秀和成功是什么，而且自己在亲历着不断走向成功、优秀和幸福的人生道路，才有资格教育孩子幸福、优秀和成功。

我们也希望，爱与幸福的种子能种在父母的心里，并让孩子在爱与幸福的氛围里面被滋养，最终让每个人都成为温暖而有力量的人。

目录
CONTENTS

第一章
智慧父母 | 改变观念是前提

真爱和真的爱 / 003
父母只有有真爱能力和水平，爱才有意义

水平和能力 / 012
能力不等于水平，有能力的人不一定能教育好孩子

规矩和规则 / 021
立规矩是立人，而不是约束人

原则和要求 / 028
教育孩子，父母真有原则也就不需要要求了，就怕只有要求没有原则

负全责和全负责 / 033
父母"全负责"却没有"负全责"，导致孩子不负责也不会"负全责"

悦纳、接纳和纵容、放任 / 040
要接纳，也要正确处理问题

宠爱和溺爱 / 046
真正的宠爱，内心充满爱和信，能让家里充满欢声笑语和暖暖的感觉

关心和照顾 / 052
关心是心灵层面的，照顾是物质层面的

奉献和付出 / 058
付出不求回报才是奉献

真好和最好 / 063
为什么要做到真好，而不是最好

第二章
优秀孩子 ｜ 有德有责自然香

优秀和成功 / 071
教育的本质是培养孩子成为优秀的人

善和好 / 078
不要追求好，要追求善，善是不断完善的意思

美好和漂亮 / 086
在美好的基础上漂亮

勤奋和努力 / 092
从努力到勤奋，就是从"要"和"怕"的痛苦人生到"爱"和"信"的喜悦人生

理想和目标 / 099
目标不是理想，理想是利他的

自信和自负 / 106
真正自信的人绝不会自以为是

真实和任性 / 112
真实不是任性，不要错把发泄"情绪"当真实

上进和执着 / 118
不要再只引导孩子们努力获得结果了，这不是上进，而是痛苦的执着

兄弟姐妹和哥们闺蜜 / 123
是志同道合还是吃喝玩乐，是相互促进还是抱团取暖

第三章
家的味道 | 知行合一才有效

家和庭 / 129
很多人没有"家"，只有"庭"

仪式感和形式化 / 134
仪式感，是为了让大家能够用心去感受其背后蕴含的文化力量

报恩、反哺和回报 / 137
真孝是对父母进行报恩，是反哺，而不只是回报

爱和情 / 142
爱是一个人的事，情是两个人的纠缠

情感和情绪 / 147
情感源于爱

第四章
生命成长 | 改变永远是自己

知道和知到 / 155
家长总是"知到"太多,却"知道"太少

教育和教学 / 161
是做给孩子提供教学环境的父母,还是做懂教育的父母

规律和逻辑 / 166
系统比学习更重要,文化比知识更重要

快和急 / 173
教育可以快,但绝不能急

智慧和聪明 / 182
父母"笨"一点,可能更加有智慧

解决问题和问题 / 188
解决问题和问题,两者有关联吗

后记 / 197

第一章

智慧父母
改变观念是前提

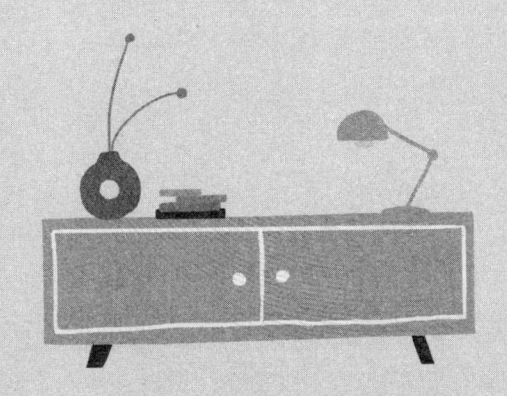

真爱和真的爱

特别想问父母们一个问题

我特别想问父母们一个问题:"你们爱孩子吗?"

我相信父母们的答案一定会是:"当然是真的爱孩子!"

"真的吗?"

"真的吗?"

"真的吗?"

请连续问自己几次,你有没有多了些不确定?

当你全力以赴地对孩子好,对爱人好,对父母好,换来的却不是对方发自内心地喜爱你,甚至会让对方"烦厌怨恨"你时,你就要好好思考:我的爱是不是出了问题?

如果父母能把"爱"从自己的字典里暂时拿走,把"喜欢"和"信任"这两个词郑重地拿出来,不再打着爱的旗号做任何事,而是先认认真真地跟孩子互动起来，把相互喜欢、相互信任当作经营亲子关系的核心目标，可能再谈爱的话题就不会那么辛苦、那么沉重了。如果你不喜欢孩子，孩子也不喜欢你；你不信任孩子，孩子也不信任你，那你的爱也会让孩子感觉特别不舒服，甚至特别沉重，你的爱可能会伤害到他，当然也往往会伤害到你自己。

中国的父母，不缺"真的爱"，而缺爱的智慧和爱的水平。不是"真的爱"出了问题，是"真爱"出了问题。

真的爱≠真爱

近二三十年，中国的父母可以说比任何一个时代的中国父母都更全力以赴地爱着自己的孩子，但是孩子出现的问题越来越多。按正常的逻辑，如果父母努力地爱孩子，孩子应该越来越好才对，为什么他们反而毛病越来越多，问题越来越大呢？

我想，父母一定要先分清楚真的爱和真爱的区别，这是这个问题的答案，更是你成为一个有智慧和有水平的优秀家长的敲门砖。

让我们来看看真的爱和真爱有什么不同（见图1）。

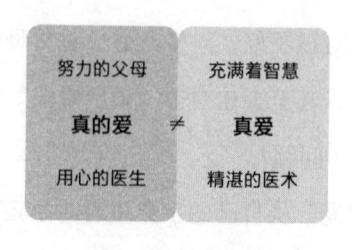

努力的父母	充满着智慧
真的爱 ≠	**真爱**
用心的医生	精湛的医术

图1　真的爱≠真爱

第一章
智慧父母｜改变观念是前提

真的爱：无比努力地对孩子好，不管孩子是否需要或者使用的方式孩子是否能接受，就像一个非常用心非常努力的医生，在医术不精湛的情况下，仍全力以赴地给病人治病一般。

真爱：无条件、充满智慧、按照真理和规律给对方想要的，就像一个充满慈悲并具备精湛医术的医生给病人治疗一样。

"真的爱"是父母的本心，是父母最本能、最自然、最赤诚的情感，可是这份浓烈赤诚的情感还需要"智慧"，需要"水平"，需要"能力"去展现出来，才能成为"真爱"。

案例：

假如我是医生，你是病人。你找我看病，我判断你的病是急性的，必须做手术，然后告诉你我是一个特别好的医生，可以全力以赴给你做手术，而且会特别用心、特别温柔，尽可能满足你的需求。你可能会觉得这个医生真好，然后答应做手术。等你躺在手术台上后，我对你说："你放心，我会认真，我会全力以赴，你躺着就好了。我虽然医术不够精湛，但我有这份心，我是充满善意的，是对你好。"

如果你遇到这样的情况，你会是什么感受？你会不会害怕？

我想，正常的人都会有两种应对方式：一是换医生，二是换医院。

其实，很多孩子就生活在这样"没有医术还努力给孩子治病"的"庸医"家庭里。"庸医"父母们从来都执着在"我真的爱孩子"的观念和习惯里，却几乎不去思考"我是否真爱孩子"。孩子在家里的感觉和经历就是，有一群并不知道应该怎么爱他的人全力以赴地爱着他，父母就像用心却医术不精的医生一样，每天拿着手术刀，也不考虑自己有没有这个能力和水平，看他这里没做好割一刀，那里没做好割一刀，写作业慢了割两刀，没礼貌割三刀……天天给他做手术。孩子转不了院，也换不了医生，只能在真的爱而不懂真爱的环境当中任由父母处置。直到孩子问题越来越多，生活热情越来越少，或者表现得越来越不好的时候，父母会对他说一句话：**我付出了这么多，你怎么会这样？**甚至还有些父母会情绪化地说出：**我怎么就生了你这样的东西！**

静下心来想一想，这难道不是一件恐怖的事情？

受到错误教育的儿童，比没有受教育的儿童离智慧更远。这是卢梭先生说的一句话。我把这句话改了一下：不会爱，还努力爱，带给孩子的往往是伤害，甚至是虐待。

小贴士：真爱中成长的孩子是什么样的？

在懂得真爱的家庭环境中长大的孩子，往往内心会升腾起两个特别重要的感受。一是荣誉感。我的家特别好，我因为自己生在这样的家庭而感到幸运和自豪，我不能给家里抹黑，不能做坏事，做了坏事也放不过自己。二是责任感。爸爸妈妈都爱我，我也很爱这个家，我要做我力所能及让家更好的事情，尤其是感恩父母，回报父母，反哺父母，成为父母的骄傲。

一个孩子很有荣誉感，很有责任感，他会差吗？他不仅不会差，还会越来越好。家里要先有爱。如果孩子满身问题和毛病，我相信他在家里面没有感受到"真爱"，他感受到的都是父母既执着又一厢情愿的"真的爱"。

真爱是无条件的

很多父母会感觉，本来听话的孩子进入青春期后会表现出三种状态：

第一种，你说什么就是什么，无所谓了。因为你强势，我说什么你也听不到，那我听你的，你说了算。这种孩子最终可能失去自我，成为提线木偶。

第二种，你说什么，我就跟你对着干。这种孩子有很严重的叛逆心理。

第三种，你说话，我闭嘴，我不理你，我沉默。这种孩子可能会变得内向，变得麻木，变得对一切无感。

于是，父母会想尽一切办法和孩子沟通。比如，有一个家庭，孩子进入青春期，父母在想了很多方式与孩子沟通无果后，就用了写信的办法，写了很多信放在孩子桌上，但是孩子从来不看。

父母很委屈，觉得自己如此爱孩子，费尽心思为孩子考虑，考虑到他处在青春期，很多话不想当面说，多尊重他啊，可是孩子不领情。

父母却没有想过，自己虽然想出各种各样的方式跟孩子"沟通"，想了解孩子的各种想法，其实表达的都是：我都付出了这么多，你怎么还这样？或者你应该那样！

这样的父母，不是妈妈，不是爸爸，不是真爱孩子的人，而是商人。

"我为你付出这么多，我全力以赴对你，我给了你这么多东西，你为什么不给我一点东西？"

"你要给我听话，给我努力学习，给我认真写作业，给我优秀，给我有出息。"

"我不要你的钱，我不要你以后赡养我，但是我要你学习好，有出息，有礼貌。"

这些想法的背后就是：我如此付出，你得给我回报些什么，本质上是交换，并不是真爱孩子。

因为真爱是无条件的。什么叫无条件？

无条件是，你对他好，不附加任何条件。

很多父母说，我没向孩子要什么啊。我要孩子好好学习有出息，难道错了吗？我要孩子理解父母、孝顺父母，难道错了吗？

当然错了。

这样的父母不要孩子挣的钱，不要孩子赡养他们，看起来很好，很无所求，其实他们只是在物质层面上"不要"而已。他们在要精神层面的东西：理解我、孝顺我、有出息、学习好、有礼貌……这些都是用钱买不来的东西。能用钱买到的，往往还简单一些，用钱买不到的，往往更难做到。

所以，当孩子在有条件的爱下长大，并没有那种被无条件爱过的情感体验，而总是面临交换时，他可能也只会用物质回报父母，花钱买孝顺，例如：给你买洗脚盆，买车买房，但是你想要的情感的流动、心与心交流的美好，他全都不会，因为他体验过的美好的情感实在太少了。

当孩子处在青春期时，如果父母能用心去感受一下孩子在听到"我都付出了这么多，你为什么会这样"的话时的心理活动，再去想想"我有没有真爱孩子"，然后反思孩子所谓的"青春叛逆"其实是因为缺失父母的真爱，从而去学习真爱，补足孩子缺失的部分，孩子就能越来越好。

真爱是一种感受

有家长问，既然真的爱和真爱如此不同，那在日常生活中，孩子行为出现了什么状况，可以让我们判断自己是真的爱而不是真爱呢？

其实，爱不是科学，它是文化，没有标准，只有感受。孩子如果能从父母那里感受到温暖，他就觉得自己是被爱的；感受到力量，他就能战胜困难和挫折。爱是一种能量的交换，并没有标准。

如果非要列出标准，首先，不是父母想怎么爱就怎么爱，而是要让自己成为温暖而有力量的人，同时给予孩子温暖和力量。其次，只要孩子不喜欢你、不信任你，你就可以确定你是真的爱而不是真爱。因为只要你真正爱一个人，又爱对了，他就会发自内心地喜欢、信任你。当你信任一个人的时候，他说什么你都愿意听；当你讨厌一个人的时候，他夸奖你你都觉得很烦。

另外，在现实生活中，父母常常也会面临社会给的压力：孩子学习成绩的好坏，别人眼里孩子表现的好坏，等等。这个时候，有的父母常常会承受不了这种压力。比如当老师说孩子上课不认真听讲，父母就会有压力，回去跟孩子说，老师说他上课不认真听讲，问孩子是怎么回事。孩子会认为老师向父母告状，老师不好。

父母能不能把压力转化为温暖和力量传达给孩子呢？如果老师说孩子缺点的时候，父母能多问一句："我回去就跟他沟通，那他在学校有没有表现好的地方呢?"老师说:"有,爱劳动。"

这时父母从老师这里得到了两方面的信息:孩子做得好的地方和做得不好的地方。

回家之后,父母跟孩子说:"老师今天找我了。"孩子会问:"怎么了?"父母说:"老师说你在学校很热爱劳动,同学很喜欢你。老师还说,如果你上课还能认真听讲,就更好了。"通常第二天,孩子就会认真听讲。因为,第一,你没批评他,你认同了他;第二,他知道老师认同他;第三,一个人被认同的时候,愿意直面自己的缺点,一个人被否定的时候,是不会面对自己的缺点的,他会想尽一切办法不承认自己的缺点。

很多父母缺乏智慧,把社会的很多压力带给了孩子,并没有为孩子撑起一片天,这种父母给孩子的爱不是真爱。

真爱需要系统学习

有位妈妈告诉我,她有两个孩子,哥哥上二年级,妹妹两岁。她现在看妹妹一点都不觉得焦虑,觉得她特别可爱,但是一看哥哥就总是一肚子火,她会对哥哥的作业有要求,因为学校给了这些压力。

我问她:"是不是哥哥小的时候,你也一点都不焦虑?你女儿到了哥哥这个年龄,你也会看到她就很烦躁的。"

妈妈笑了:"可能我对她没那么多要求。"

我回答:"不是没要求,是没什么可要求的。如果上了学,有很多作业,多了很多事情,你就对她有了要求。所以你并不是爱妹妹,也并

第一章
智慧父母 | 改变观念是前提

不是不爱哥哥，你就是不会爱。"

我们学习的对象往往是我们的父母、老师，我们在用父母对待我们的方式去对待我们的孩子，用学校老师对待我们的方式对待孩子。"我认为应该这样""我认为应该那样""我认为他应该怎么样""我认为教育应该那样"……当你说出这样的话时，你应该想想，你认为的对不对。父母如果想系统地学习如何真爱孩子，首先需要战胜自己脑子里根深蒂固认为正确却并不正确的观念。

一个孩子遇到了不会爱的父母，就像一个病人遇到了一个没有医术的医生，非但病治不好，可能越来越严重，拖延的时间越长，后果越不堪设想。

父母只有有真爱能力和水平，爱才有意义。如果父母没有真爱的能力和水平的话，我建议他们离孩子"远"一点，孩子天性中的那些善和美也有可能支撑着他们迎来美好的人生。

水平和能力

很多人问我:"我是一个很有能力的人,在工作中我管理很多人,大家都听我的,也很尊重我,但是在家里,爱人和孩子都不听我的(不理解我,不尊重我),甚至和我对着干(我说话根本不管用),这是为什么啊?"

我常常会告诉他们:因为你有能力没水平。

在工作中,看似都是人,其实全是事,主要看的是做事的能力;在家庭中,看似都是事,其实就是人,主要看的是做人的水平。

这是两套完全不同的体系:事情,可以用能力去解决;人,用解决事情的能力和经验"处理"不了。家庭中主要看的是做人的水平。

能力强不等于水平高

太多人错把能力强当成了水平高。很多父母从孩子出生起,对他的所有教育都是围绕着培养能力而非培养水平展开的。我明确告诉你,一个有能力没水平的孩子未来可能适应不好社会，可能经营不好家庭。因为家庭生活想要美好和幸福，需要的不是能力，而是水平。

你有做饭能力吗？你有打扫卫生的能力吗？你有挣钱的能力吗？这些能力，只要学习、体验，基本都会有。但是孩子想要的不是有能力的父母，孩子想要的是有水平的父母。

我常常会说这样一段话：有能力的人不一定能教育好孩子，但是很多看似没什么能力的人却把自己的孩子教育得特别好。

例如：有的人看起来没什么能力，但是三句话就把孩子教育好了，这三句话就代表了他的水平。

第一句话："孩子，爸妈没本事，靠你自己吧。"于是孩子什么事都不依靠别人，遇到困难也是自己咬牙往前冲，然后积累了很多成功的经验。这句话让孩子有责任感，能自立。

第二句话："做事先做人，出去别害人，在外面做坏事，我可不认你这个孩子。如果你做坏事让家里丢人了，我打断你的腿，断绝父子关系。"这句话让孩子有原则和底线。

第三句话："孩子，大胆出去闯吧，实在混不下去了，回家来我还能给你口饭吃。"父母没太大本事，但是遇到任何困难，孩子可以随时回家休息，这叫无条件的爱。也就是说，有没有出息、能不能挣到钱，都是孩子自己的事，父母只要孩子在外面遇到困难和问题的时候能想到家就行。回家休息放松，吃口热乎饭，可以再次出发。

有的人很有能力，但是他把这三句话改了。

第一句话："好好学习就行了，别的都由我来做。"于是孩子除了学习什么都不做，什么都不会，当然不能自立，无法拥有责任感。

第二句话:"出去别做坏事,但别人要是欺负你,你要敢于反抗,打回去,别吃亏。"孩子听到之后,心里想,应该对别人好,但是自己不能吃亏,利益不能受到任何损害,如果利益受到损害,得想办法讨回来,甚至用暴力讨回来。这其实是在教孩子缺德、自私、没底线。中国有句话叫吃亏是福,让大家多考虑别人,少考虑自己。但是很多父母告诉孩子不要吃亏,孩子就会以自己的利益为中心,那他走上社会也好不到哪里去,不会有人发自内心地喜爱和尊重他。当没有那么多的人喜爱和尊重他时,他只能靠自己的能力单打独斗。如果他没有能力,那他这辈子每走一步都很艰难。

第三句话:"以后你得靠自己,如果你靠不了自己,我可不管你啊。"这表示如果孩子没出息,父母就会放弃他,这其实是有条件的爱。

能力和水平的区别

《现代汉语词典》里说:能力是能胜任某项工作或事务的主观条件,水平指的是在生产、生活、政治、思想、文化、艺术、技术、业务等方面所达到的高度。

能力讲究的是扩展性,是在同一水平面上不断扩展的状态。水平讲究的是高度。

能力讲求大小或强弱,在同一个水平面上看强弱,与事相关。水平讲求高低,不在一个水平面上见高低,与人相关。

例如:都从事会计工作,甲的能力强,能算复杂的账目;乙的能力弱,只能算简单的账目,可本质上他们都是算账的。无论你当会计还是当警察，你得有当会计或当警察的能力，能力让你能胜任这项工作，把事情做好，但是你不一定是有水平的会计或警察。

能力是怎么获得的呢？通过学习获取知识后，把知识变得很有逻辑，再把这些知识用在事情当中，拥有了很多失败经验，然后有一次成功了，就有了成功经验。以后我们在做同类的事情时，用成功经验一下就能做好了，这就形成了一个人在这方面的能力。

水平是怎么获得的呢？水平往往是感受（感受自己和别人的能力），水平往往是道理，水平往往是规律，水平往往是智慧。

下面有四个问题，需要大家思考一下：

学习是感受吗？

知识就是道理吗？

逻辑通就符合规律吗？

经验就是智慧吗？

答案都是"不一定"。因为，这四个问题经不起推敲。

第一个问题：学习是感受吗？不一定。但感受是学习吗？是的。因为感受是学习中的一种，却不是学习的全部。例如：你的孩子在大自然中感受自然，从而学了很多自然知识。

第二个问题：知识就是道理吗？不一定。可道理一定是知识。

第三个问题：逻辑通就符合规律吗？例如，很多人常说："好的学习习惯会造就好的学习成绩。"这句话有逻辑，没道理。学习好的学生都有好的学习习惯，这是一定的。但是有好的学习习惯的学生就一定学习好吗？那不一定。符合规律的东西都有逻辑，例如：科学，就是在现象和规律中找到其中的逻辑把它表现出来。但是有逻辑的不一定就符合规律。

第四个问题：经验是智慧吗？不一定。但智慧一定是经验，它可能是圣人的经验，可能是成功的经验，可能是幸福的经验。

我用这四组词来说明能力和水平的区别，就是想告诉大家：只有能力没有水平的人，他的"学习"大多是没有"感受"的，他的"知识"大多是没有"道理"的，他的"逻辑"大多是不符合"规律"的，他的"经验"并不一定是"智慧"，不能解决人生问题；只有能力没有水平的人，往往都是自己欺骗自己的人，活在自己的世界里。

案例：

你的孩子考了50多分，连及格线都没达到，你是怎么处理的呢？

你学习的家庭教育课程告诉你：孩子考得不好，回家要鼓励他。你回家之后就按这个知识来处理。你对他说："孩子，你考得挺好的呀，你其实很棒的，你平时挺乖的，你就是我的天使。"你跟他说话时，并没有感受到他考试没考好的伤心和难过，也没有感受到自己是否心疼他、鼓励他。你只有真的有所感受，才能通过眼神、语气、表情和语调给他温暖和力量，但你只是在嘴上说说而已。

我女儿刚转到一所新学校，没有考好，特别伤心。我是怎么处理的呢？

我问她："你考了50多分？"

她说："嗯，50多分。"

我说："我本来想着你没考零分就不错了。刚转到一所学校，进度

一样不一样、你适应不适应都不知道，能考 50 多分就不错了。"（感受）

她一下就笑了："爸爸，其实我想考好的。"

我说："谁不想考好呢？你是特殊情况。爸爸一直跟你说考好考不好不重要，对不对？你平时认真了吗，自信了吗，上进了吗？"（道理）

她说："我是啊。"

我说："那就行了呀，人只要是努力、勤奋、上进、开心的，考零分也好，考 100 分也好。谁能一直考 100 分？"

她想了想说："爸爸，我就是没考好。"

我说："我给你起名叫郑好，我没有给你起名叫最好，考 100 分是最好，你是要正好的。什么叫正好？开开心心，快快乐乐，阳光自信地生活，可以面对考零分，也可以面对考 100 分。考 100 分不骄傲，考零分也不气馁，就是爸爸想要的。"（智慧）

我女儿特别感动。

有能力的人不一定有水平，而有水平的人一定有能力，因为水平包含能力，能力不包含水平。水平高的人是有感受、懂规律、懂道理、有智慧的，他通过践行，让自己懂得了真正的规律和道理，一个人和规律、道理在一起时，也就拥有了智慧。最后，他再总结出这些规律里的知识、这些道理中的逻辑、这些智慧中的经验、这些感受中的学习内容，分享给大家（见图 2）。

孔子就是如此。他的水平就是在不断地感受规律、践行道理、运用智慧的过程中提升的。然后他把自己的体悟分享给大家，大家把这些分享整理成了《论语》。《论语》看似没有逻辑，却特别有道理，内容都是

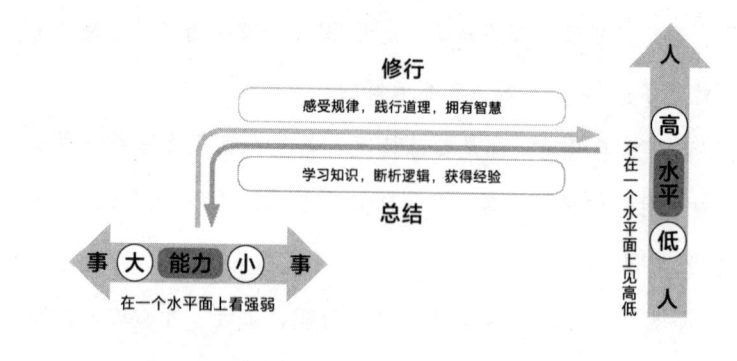

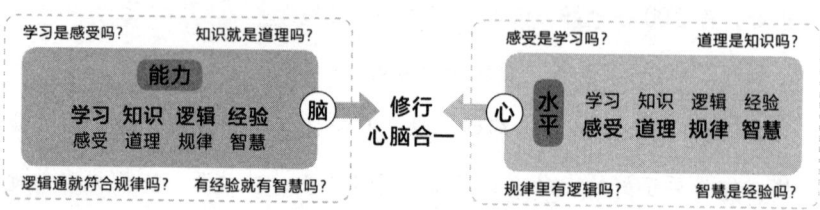

```
                    修行                          人
        ┌──感受规律，践行道理，拥有智慧──┐     ↑
        │                              │   高
        │                              │   水
        │                              │   平  不在一个水平面上见高低
        │   学习知识，断析逻辑，获得经验  │   低
        │                              │   ↓
        │         总结                 │     人
  事 ← 大  能力  小 → 事
     在一个水平面上看强弱
```

      学习是感受吗？ 知识就是道理吗？   感受是学习吗？ 道理是知识吗？
     ┌─────能力─────┐   ┌──水──────────┐
     │ 学习 知识 逻辑 经验 │ 脑 → 修行 ← 心 │ 平 学习 知识 逻辑 经验 │
     │ 感受 道理 规律 智慧 │   心脑合一   │   感受 道理 规律 智慧 │
     └──────────────┘   └──────────────┘
     逻辑通就符合规律吗？ 有经验就有智慧吗？   规律里有逻辑吗？ 智慧是经验吗？

再大的聪明都是小聪明，再小的智慧都是大智慧。
有能力的人，不一定有水平，
有水平的人，一定就有能力吗？

图2　有能力的人不一定有水平

孔子的经验和智慧。

如果你想拥有水平，那就记住三个词：感受规律，践行道理，拥有智慧！

有水平的人能吸引有能力的人

再大的能力都是小能力，再低的水平都是高水平。就如老话说的那样，再大的聪明都是小聪明，再小的智慧都是大智慧。因为一个人的水平高一点，就会吸引很多水平不如他的人来帮助他，这些人的能力就都是他的能力。

例如：《西游记》里的唐僧，一个看似除了念经，什么能力都没有的人，却因为他很有水平，他为民取经，他有信念，一路向西，没有那么多的恐惧；他心里充满着爱，爱这个世界，爱众生，也因此打动了玉皇大帝、如来佛祖等很多人。他们不仅帮他，还帮他找了三个能力强的徒弟。三个徒弟都是有点能力的人，只是能力强弱不一。孙悟空特没水平，易怒、任性、自负。猪八戒特没水平，懒惰、好吃、好色。沙僧是一个"乖乖男"，让干啥干啥，没有自己的想法。《西游记》讲的就是三个有点能力却很没水平的人，跟着一个有水平的人去西天取经，最后成功了，并且这三个有能力的人变得越来越有水平的故事。

《三国演义》里的刘备也是没什么能力但是很有水平的人。他爱民如子，三顾茅庐……打动了很多有能力的人，如张飞、关羽、赵云等，最后当上了皇帝。

《水浒传》里的宋江，没什么能力，但是人称"孝义黑三郎"，不考虑自己，总想着别人，江湖地位高，口碑很好，让107个有能力的人跟着他在梁山"闹革命"。

小时候不明白为什么唐僧、宋江、刘备是牛人。等慢慢长大，学了文化，我才知道这几本名著都说明了一个问题：有水平的人会让很多有能力人跟着他干，最后有水平的人获得最大的成功。

所以大家好好想想：你是有水平的人吗？如果是，那么你一定能让孩子发自内心地喜欢你，信服你，甚至想成为你，他不就变得越来越优秀了吗？

希望大家在未来的人生中，把能力和水平看成完全不同的两种东西，不断修行，直面自己来提升水平；在提升水平的同时，不断地提升自己的能力。

规矩和规则

不要把规则当规矩

一说到立规矩，很多父母都很愿意，孩子一听却很不乐意，为什么呢？我们来看一个具体的例子。

案例：

小乐爸爸一直觉得小乐睡得太晚，希望小乐能早点睡。当大家都说家里得有规矩后，他第一个就想到要跟小乐立一个"早睡的规矩"。其实，小乐爸爸曾经就这个问题和小乐约定过很多次，可小乐就是做不到。这次，小乐爸爸又对小乐提出了要规定睡觉的时间，并想着这次要理解小乐不可能马上改变，于是他自以为很"接纳"地和小乐说："小乐，爸爸给你一个月三次晚睡的机会，超过三次，再发现你晚睡，就得接受后果喽！"小乐无奈地接受了。

其实小乐并不同意爸爸规定的睡觉时间，可是他没办法。接着，小乐爸爸开始每天监督小乐的睡觉时间，看他是否超过三次晚睡，自己也不得不熬夜等待至深夜，搞得身心疲惫。同时，因为小乐心不甘情不愿，就开始"上有政策，下有对策"地应对，例如，在规定时间去睡觉了，可是等全家都睡了，他就起来做自己想做的事；或者每个月超过三次晚睡以后，被爸爸要求按规定时间去睡时，他一会儿跑出来上洗手间，一会儿要和家里的猫咪玩一下，找各种理由拖延时间。最后，这个所谓的规矩搞得小乐爸爸心力交瘁，他感慨地说："我真是无知家长制造问题啊。"确实，小乐爸爸不仅没有立成规矩，而且造成父子俩感受都不好。

看完这个例子，你是否也有共鸣：当父母太难了！其实，是父母没有真正弄明白什么是规矩，什么是规则，没有弄清楚规矩和规则的区别到底是什么。而我们同样要呼喊：现在的孩子太可怜了，生活在规则中，从懂事起就面对各种规则，父母是规则的制定者，不是规矩的制定者，孩子在规则下要么叛逆，要么被奴化。

规矩和规则的区别

俗话说：没有规矩，不成方圆。老祖宗早就告诉我们：人生在世，与人交往，修身养性，处处离不开"规矩"。在这个词中，"规"指的是方向，"矩"指的是原则和底线。

规则是规定出来让大家或某类人遵守的制度或章程。例如：单位的规则制度、社会的交通法规。在这个词中，"规"就是制定的条文，

"则"就是遵守，依章行事。

规矩跟做人、跟道德有关，不需要定得很细；而规则跟事情、跟管理有关，通常需要定得越细越具体越好。

规矩是文化体系，立规矩、守规矩是为了有利于所有人；规则是谁定有利于谁，单位制度有利于单位运行，学校校规有利于学校正常进行教学活动。

正因为规矩与规则有这样的区别，所以它们给人的感受和产生的效果也是完全不一样的。规矩让人感觉有方向有正气，规则有时会让人感觉被约束甚至被要求。

案例：

有位爸爸，小时候父母管得特别严，上学、工作都听父母的安排，虽然他现在很成功，可他并不快乐，他认为自己的不快乐是因为从小到大太守规矩造成的。所以，他有了孩子之后，就不让孩子守太多的规矩，甚至觉得"没规矩又怎么样，孩子们可以更快乐一些"。他的第一个孩子是个女孩，本身就比较乖，各方面还不错，似乎验证了他的想法：我没给她定太多规矩，她不是也还不错嘛。后来，他又有了儿子，因为中年得子，对儿子过度溺爱，现在孩子总以自我为中心。

这位爸爸认为是"规矩"让自己不快乐，其实，他的父母给他的是规则，规则让他感觉很压抑，他自己成了家后，不想有规则，也不懂得立规矩，最后，孩子出了问题，爱人因此担心焦虑，脾气越来越大。这就是不懂得规矩与规则的不同，因为自己对规则的感受不好，就从一个极端走到了另一个极端。家里既没规矩又没规则，这能不出问题吗？

规则更多是法律范畴，而法律管的是人的"身体"，让人身体不作恶，至于心中怎么想，它管不了。西方人讲究规则，因为他们觉得人性本恶，所以，他们会将法律条文定得很细，以保证人不作恶，也因此出现很多人可以身不作恶，心也不向善。

相比较而言，中国人讲究的是规矩。规矩，简言之，就是知道什么事该做，什么事不该做；该做的事要努力做，不该做的事坚决不做。规矩是让人向善的东西，向善比不作恶高一层次，如果能一心向善，那这个人也会不作恶。

当今社会，物质极大丰富，西方思潮不断涌入，在东西方两种文化的冲击下，就出现了一个现象：有些人在内心不以法律为准绳的同时，又把中国文化中的规矩扔了，不去向善，就容易进入灰色地带，信奉四类主义——个人主义、消费主义、享乐主义、功利主义。

个人主义：以"我"为中心，自私自利。

消费主义：以消费为人生目的。

享乐主义：以享受、享乐为人生方向，活着没有价值和意义。

功利主义：以结果为导向的价值观，缺少情感。

父母希望孩子成为这四类人吗？可是如果父母允许孩子不作恶也不向善的话，他就有可能进入这样的灰色地带。同时，没有规矩的家，每个人都按自己的想法行事，家里也会矛盾重重，"三国演义"时时在家里上演。如果父母不希望这样的状况出现，就得立规矩。立规矩不是要求孩子，不是管理孩子，而是让孩子向善，即规矩是做人的准则，是文化，是向善。

教育孩子，最重要的三件事

教育孩子的时候有三件事很重要。第一，要有规矩。让孩子知道什么事该做、什么事不该做，该做的事努力做，不该做的事坚决不做。第二，要有勇气。告诉孩子敢于直面困难和问题，不被打倒。第三，要有方向。方向就是志向，它会带大家寻真理，走正道，有追求，积极向上。

一个孩子有了规矩，知道什么事该做，什么事不该做，就不会逃避，不会折腾，不会情绪化。

一个孩子有了勇气，就不畏艰险，不畏困难，困难和问题都打不倒他。

一个孩子有了志向和方向，他就不迷茫，他就心存希望。

我们希望父母能懂得如何立规矩，才能让孩子超越四种"主义"，拥有一个人最重要的两个品质：一是责任感，充满责任感就不会有四种"主义"；二是荣誉感，不是拥有很多的名利权财让大家吹捧，而是大家发自内心对这个人有很高的评价，喜爱他，信服他。

家庭如何立规矩

中国人的规矩源于"天地君亲师"，敬天就懂得规律，不过于把自己当回事；法地就会有规范；爱国就会忠于文化；孝亲就知道孝顺；尊师就会做人。这就是我们文化的基础和来源，而文化的标准和方向是规矩。

在立规矩的过程中要注意：

第一，家庭的规矩应该符合文化，符合规律。以规律为基础产生的规矩，家庭才能执行。学习文化，才能懂得如何立规矩、守规矩；守规矩其实守的是文化。如果你想在家里立规矩的话，可以先从俭朴开始，因为俭以养德，现在太多的成人和孩子都习惯浪费，浪费的人哪会懂得珍惜和感恩？当一个孩子不珍惜物品时，也不会懂得珍惜人。然后逐步立更多向善的规矩，向善的规矩类似于家庭每个人都要想一想每天能为家人做些什么，能为别人做些什么，能为社会做些什么，不以善小而不为，不以恶小而为之。这就是中国人讲的规矩。

第二，家规一定是全家人共同遵守的，不能单独制定给某个人。不是针对孩子的霸王条款，孩子才愿意遵守。就如我们开篇提到的小乐爸爸的例子，小乐爸爸所立的规矩是针对小乐一个人的规则和"霸王条款"，小乐不甘愿，就会默默对抗。

第三，制定规矩的时候，要用孩子听得懂的语言给孩子讲清楚家里为什么要立这个规矩，孩子知其所以然才会更愿意守规矩。

第四，如果制定规矩的时候，孩子确实是心甘情愿的，等执行的时候，他不同意，其实他就是为了考验父母的威信，看父母是否能坚持原则，是否能说话算话。威信可不是"淫威"，不是让孩子惧怕你，而是让孩子信你服你、敬你畏你。想让孩子信你服你、敬你畏你，就需要你自己以身作则，有修养。不是通过发脾气让孩子听你的，而是既有力量去坚持原则，又让孩子感受到温暖，他才会听你的。

第五，立规矩，先立人。立规矩的过程就是父母把自己立起来的过程。我们举的第二个例子，那位在规则下长大的爸爸，不想孩子再体验他的难受，也不懂家庭可以没有规则，但是必须有规矩，造成孩子进入灰色地带。因为这位爸爸自己就在灰色地带，所以，这位爸爸自己先要做到向善有方向，家庭才能建立起一套文化和规矩，从而使整个家庭系统有序而良性地运转。

父母可以记住一句话：践行文化有规矩，做出表率守规矩，拥有智慧立规矩。

小贴士：威信到底是爸爸建立好还是妈妈建立好？

在我看来，坚持原则的人最好是爸爸，因为大多数男性偏理性，大多数女性偏感性；坚持原则并不是女性的优势，感动孩子、温暖孩子并不是男性的优势。

但是有两个前提：

第一，夫妻恩爱。最好的家庭状态是严父慈母。严不是高要求，而是坚持原则。在严的过程当中，孩子有情绪的话，妈妈要温和地接纳下来。

第二，在夫妻恩爱的基础上有家庭规矩，即全家人遵守的规矩，而不是孩子自己遵守的规矩。

这两个前提都做到了，才能够确定家里到底由谁来坚持原则。

原则和要求

原则和要求的区别

父母教育孩子只需要有原则，不需要有要求。

很多父母很难接受这个观点，或者发现这个观点非常难执行，因为原则和要求完全不一样。但是很多父母分不清原则和要求的区别。

我们先来看看没有原则只有要求的父母是什么样子。

案例：

吃饭的时候，孩子把米粒掉到桌子上了，他没有捡起来吃。

面对这种情况，父母是怎么处理的？

第一次，父母说："这个行为不好，浪费粮食，你要把米粒捡起来吃了。"

第二次，父母说："没事，没事，妈妈（爸爸）吃了。"

第三次，父母说："没事，掉了就掉了吧。"

第四次，父母视而不见。

第五次，父母说："我都说多少次了，你怎么还掉饭？"
……

同样一个行为，孩子不知道是对是错，不知道该遵守什么。因为对同样一件事，父母的反应不一样。孩子很茫然，他就不会产生信任。一个家里，如果没有原则，父母又没有威信，这个家庭就会像一个丛林，谁声音大听谁的。

那什么是要求，什么是原则？

要求是指某一方针对另一方提出的具体愿望和条件，希望对方能做到或实现。它会随着提出人的情绪、观点、感受的变化而变化；它只针对某个人或某类人。要求是他律的，高要求会让人感到对抗和缺爱。它是命令或包办他人思想和行为的一种方式。

原则不是一方制定出来要求另一方的工具，而是适用于所有人，所有人都需遵照执行的。它可以帮人自律，可以指导人怎么正确地做事；它是不变的。坚持原则，是自己内心的坚守，只与自己有关，与他人无关。

比如，如果刚才例子中的父母，无论孩子掉几次米粒，他们都能够情绪平和地对孩子说："没事，没事，妈妈（爸爸）吃了。"孩子就能够感受到：米粒掉了没关系，爸爸妈妈是接纳这一行为的。同时爸爸妈妈每次都捡起来吃了，自然而然就给了孩子方向——珍惜粮食不浪费，也就自然而然地建立起了这个家庭在这方面的原则，就不会让孩子因为每次父母的处理方式都不同而无所适从了。

当今社会，"尊重"这个词已经被用滥了，并常常变成父母"不敢坚持原则"的代名词。于是，很多父母打着"要尊重孩子"的旗号，要么没有原则，要么表面尊重，内心却充满着要求和期待。其实，没有原则的人，是不会真正懂得尊重的含义的。

要求别人的人，都是不尊重人的人；有原则的人，都懂得尊重人。有原则的人，尊重的是规律，坚持的是规矩。我特别喜欢"规矩"这个词，规天矩地，与天地有关。

坚持原则就是树立规矩、执行规矩的过程

坚持原则就是树立规矩、执行规矩的过程。很多人的家里充满了要求，却没有规矩，这才教育出了自我、无规矩的孩子。

举个例子：一个人能不能迟到？

当然能！别人可以选择迟到，也可以选择不迟到。我们得尊重别人的选择，对吗？

这时候，有人就会说："这还有什么规矩吗？可以迟到，这不是放纵吗？"其实，这是没弄懂尊重与放纵、宽容和纵容的含义。有原则的人不会放纵，会尊重，会宽容。

那要怎么做呢？以我跟我家孩子为例。

第一步，我对孩子说："孩子，迟到是不良行为。"（我这么说，对孩子有要求吗？没有，我只是告诉他一个规矩。我并没说："你千万不要迟到！"——如果这么说，就是要求。）

第二步，我再说："我们家不接受一个人随意迟到。"（这是表明立场和第一个原则。并且这个原则是全家都适用，全家都遵守的。）

第三步，我接着说："如果有人迟到，这个人就要承担一个后果。"（这个后果，要可操作并让家庭中的每个成员有一种感受：不痛苦却很难受，这让他不愿意或不想再迟到。）

第一句是陈述；第二句是表明立场，制定原则；第三句规定违反原则的后果。

第四步，我继续说："你可以选择迟到，也可以选择不迟到。"（这是他的选择权。他选择什么，就面对什么。他选择了迟到，也就选择了相应的后果；他选择不迟到，就不用承担相应的后果。很多父母只会对孩子不停地唠叨："我跟你说过了，不能迟到，你看你都不听。""我说了多少遍了，你怎么还迟到？"——这就是要求。我们不要求，我们尊重孩子的选择，接纳孩子的行为，他只要考虑为自己的选择承担后果就行了。）

第五步，我再说："如果你迟到了，我会笑着面对，我希望你也能笑着面对。但是笑对的同时，一定要承担后果。"

这五步中有要求吗？没有。有没有尊重？有。有没有原则？有。孩子可以做出自己的选择，即使孩子犯了错，我仍会很开心，并且我很宽容。宽容不代表纵容，宽容和纵容的区别关键在于你能不能笑对他的行为，并温柔地执行后果。

孩子天生喜欢有原则的人，而不喜欢没原则还总提要求的人。

孩子并不愿意违反原则。

在执行上述五个步骤的过程中，我不会期待或要求孩子不迟到，我只是温柔地坚持这个原则，让孩子知道我是个说话算数的人。几次之后，孩子就明白了我的原则和底线，反而心安了，反而更喜欢我了。他心里明白，只要他不违反原则，他是身心愉悦、自由自在的，不用担心我会情绪化，不担心我会按心情办事，不担心我会不断要求、批评、指责他。这就是孩子为什么会喜欢有原则的人。你要有原则，孩子才会信任你，从而达到"关系好了，什么话都好说"的程度。

当你对孩子没要求，只有原则和尊重时，你会发现，他对自己就有了要求；当你对孩子有越多要求时，他对自己就越没要求；当你对孩子越尊重越有原则时，他对自己就越有要求。当尊重和原则都在时，人就产生了自律，有了自律才会有自觉（自觉就是自己的觉悟）。

不自觉的人太多了，我们从小到大被要求太多：被要求时，我才去干；不被要求时，我就放纵。

如果孩子很自觉，你为什么要求他？孩子不自觉，你越要求他越不自觉。因为自觉是一个人内在有了荣誉感和责任感之后所产生的、对自我发自内心的约束。

你对孩子要求越多，孩子对自己要求越少。

父母要求的事，孩子往往不愿意做或者做不好。孩子做得好的事情，往往是父母没有要求的事。

负全责和全负责

责任的本质

在解读"负全责"和"全负责"这两个词语的时候，我们先来了解一下"责任"是什么意思。

父母在教育孩子的过程中，肯定希望孩子是一个负责任的人。比如，在孩子很小的时候，父母会跟孩子说：自己的事情自己做。孩子听着这句话长大，有一天你下班回家，很累，坐在沙发上想喝口水，于是跟孩子说"给妈妈倒杯水"，他大概会想都不想就回你一句："自己的事情自己做，你自己去倒。"

自己的事情自己做是对的吗？并不完全对，一味强调自己的事情自己做，很有可能教会孩子自我和自私。

其实，责任的本质是"分内的事情尽力做，出了问题敢担当"。不管做好做不好，能承担后果就好。

但是随着社会经济高速发展，物质极大丰富，出现了一个现象：越来越多的孩子不愿意负责任，负不起责任。

这到底是为什么？

这也许正是父母"全负责"惹的祸。父母"全负责"却没有"负全责"，导致孩子不负责也不会"负全责"。别小看这简单的三个字，排列顺序不同，会让一个人的生命状态大不同。

全负责是包办

一些家庭的常态是，家里的大人围着一个孩子转，"我们做一切都是为了你好，你听我们的就好"。这样的孩子活在父母和家庭的阴影中，父母包办了孩子的一切。"你们都是为了我，我可以不为你们，你们对我做的所有事情，都是应该的"，时间长了，这个孩子就失去了责任感。

很多父母听完一些课程，也很听老师的话，决定回家以后不包办，让孩子做家务：让他自己叠被子、洗衣服，觉得这样他就有责任心了。但是，这解决不了根本问题。当代中国的孩子其实是被包办思想伤害最严重的。包办思想比包办生活更可怕。

什么叫包办思想？我们可以看一下这个案例。

案例：

家长带孩子去蛋糕店，在蛋糕柜前，蹲下来（因为专家说这样是尊重孩子的表现）跟孩子说："孩子，你喜欢吃什么样的蛋糕啊？"

孩子："妈妈，我喜欢吃巧克力的。"（孩子做出了选择。）

家长很温柔地说："你想好了吗？"

孩子:"妈妈,我想好了。"

家长再加一句:"你真的想好了吗?"(确认孩子的想法,表达尊重。)

孩子:"妈妈,我真的想好了。"

家长:"孩子,你上个星期就吃过巧克力的了,这个星期还吃巧克力的吗?"

孩子:"妈妈,是啊。"

家长:"哎,你看旁边那个草莓的也不错呀,你就不考虑考虑吗?"

孩子:"我不考虑,我就想吃巧克力。"

家长:"吃巧克力的容易得蛀牙,牙长了虫子会很疼呢,你要不再想想?"

孩子:"妈妈,我就想吃巧克力的。"

家长:"这个巧克力的20块钱,这个草莓的10块钱。你比较一下哪个更合适?有可能同样的钱能买两块草莓的,你可以多吃一块啊。"

……

孩子最后说:"好,那我就吃草莓的吧。"

这时候妈妈就会一拍大腿:"好的,这可是你自己选的。"

这些对话,是不是经常发生在你和孩子之间?

有些父母,从孩子出生的那一天起,就开始规划孩子的人生:考虑孩子上什么样的早教、上什么样的名校、挣多少钱给孩子未来用、在哪里给孩子买房子……父母这样想这样做,就是在为孩子的事情"全负责"。

全负责是包办，比不负责更可怕，只能让孩子更不负责，或者要么你对他，要么他对你更加烦厌怨恨。

因为孩子在小的时候，思维不如家长强势，他总是掉到家长的套路里面。长大之后，他明白了一个道理：父母只要开口，我必须说到他们想要的那个答案，他们才罢休。但是现在我长大了，我不愿意了，我要对抗他们。

一般孩子会有三种对抗方法。

第一种方法："父母说什么我不理，他们随便说，我就是不说话，不再跟他们沟通。"他关了心门，变成一个内向、不相信人、对什么事情都防备的孩子。他该负的责任也就不负了。

第二种方法：跟家长对着干。家长说a，他说b。家长想干的事，他都反着来。责任是什么不重要，该不该做不重要，重要的是，他要撒了那口气。他变成了叛逆对抗的孩子，显得特别有个性。但这其实是任性。

因为这不是孩子自己的选择，他会觉得你没有真正尊重他，于是他也不会真正尊重你。在做的过程中，他想做就做，不想做就不做，对结果不会负责。

父母没有把选择权交给孩子，认为错误的成本太高了，怕孩子试错。父母认为孩子只有按照自己的要求去做，就不会错，不会走弯路。父母可以问问自己：我是经过多少次的体验，才有了这些所谓的经验的？我要求孩子没有体验地直接用我的经验，他如何能转化出自己的能力和智慧呢？

大部分人走的路都是弯弯曲曲的，都是蜿蜒曲折地朝着一个方向，都是在不断地积累失败经验和成功经验。如果不是孩子自己的选择，他不会尊重自己和别人，也就失去了责任感；不是孩子自己的选择，他做不到就会半途而废。

第三种方法：不拿主意。孩子跟同龄人比，显得很幼稚，遇到事情，他不会拿主意，别人说什么就是什么，从而变成一个没主意的孩子。这样的孩子，一生大多是碌碌无为的。不选择，也不会对未来的结果负责，他就失去了责任感。而且这不是他的选择，做错了，他会怪你，不怪自己。因为这都不是他要做的，是你让他做的。最后导致孩子形成事前有争论、事中有放弃、事后不承担后果的模式。现在有特别多这样的孩子，还没做就辩论，中间常常半途而废，出了事找理由找借口推卸责任。

人每天都在做着不同的选择，有了选择才有行为。只有自己主动选择行为的人，才愿意为结果负责。因为当他选择行为的同时，其实就已经选择了自己要承担的结果，这就叫承担选择的责任。如果这是别人让他选择的，他会说："都怪你，是你让我选的，是你让我做的，我为什么要负责，这是你的问题。"他就不会为他的选择负责。

一个人只有主动选择，才愿意面对结果。当面对好的结果时，他会特别高兴，也就积累了成功经验。当面对不好的结果时，他就积累了失败经验。成功了他会再选择做下一件事，失败了他会选择重新做这件事，于是，他要再次做出选择，再次面对结果，这就形成了责任的闭环。

孩子如果没有自己做过选择，随着他的长大，跟父母的关系会有五种类型：沉默、叛逆、随便、妈宝、无能。我相信这都不是父母们愿意看到的。

什么是负全责

全负责会培养出没有责任感、只懂享乐、没有道德、特别自我和自私的孩子。家长要想解决这个问题，只能从全负责走向负全责。

什么是负全责？负全责就是要通过自己的学习和成长，不断地提升自己的能力和修养，提升自己的勇气和智慧，能够把自己遇到的各种各样的、原本认为不好的人和事都化解成好的因缘和好的事情。

例如：孩子出现问题，虽然不能说全是家长的责任，也有社会大环境的责任，可是如果家长只会怨怪别人，怨怪社会，对孩子没有任何益处。

如果家长在孩子出现问题时，陷入"我没有教育好孩子"的感受，一味自责，也解决不了任何问题。

我们作为孩子的父母，负全责就是指要不断提升自己，找原因想办法，让自己拥有智慧去解决孩子的问题。比方说，一个孩子沉迷于手机，沉迷于网络游戏，如果父母总是怨怪网游公司，怨怪爱人失职，孩子就能变好吗？当然不能。这时候你要负起全责来，通过系统学习，破解孩子沉迷手机或网络游戏的困境，想办法让孩子拥有自律。

要想做到负全责，则需要达到以下三点。

第一，家庭伦理正常。正常的家庭应该是这样的：老人是家里的太阳；爸爸妈妈夫妻恩爱，是家里的地球，围着老人转；孩子是家里的月亮，围着父母转。

案例：

我们家有三个孩子，在我小时候，我的父母从来没有围着我们转。

我家过年的时候会杀一只鸡吃,我想吃鸡腿。因为我觉得我是家里最小的,肯定会得一个鸡腿。结果鸡肉上桌之后,父亲站起来,撕下鸡腿,给爷爷一个,给奶奶一个,没有孩子的。爷爷奶奶会撕点肉放到我们碗里。我长大之后,也知道应该把鸡腿给父母吃,我们三个也很孝顺父母。

如果你想让孩子变得越来越优秀,让他真正成为一个负责任的人,请你不要以孩子为中心,而是围着伦理转。在家庭关系方面,爱人永远是第一位的,夫妻关系重于亲子关系,夫妻恩爱,是一种孝。夫妻总吵架,总是闹矛盾甚至想离婚,父母是不能安心的。而且夫妻恩爱,孩子也会生活在爱的环境当中。在一个家庭中,老人应该是在第一位的,一切要以老人为中心。这样,孩子长大后才会懂得责任和孝顺。

第二,夫妻关系重于亲子关系。在教育孩子的问题上,如果夫妻不和,无法达成一致意见,孩子就容易钻空子。夫妻之间唯有彼此信任、理解和帮助,出现问题不相互指责埋怨,而是各自找自己的问题去改正,才能在共同面对的过程中,相互补位,形成合力,达到事半功倍的效果。

第三,父母要修炼自己。父母要先放下对孩子的期待和担心,修炼自己,学习如何做好父母,让自己成为温暖而有力量的人,既能给予孩子责任和道德,又能在孩子遇到问题的时候,通过自己的智慧,通过自己爱和相信的力量陪伴孩子面对问题、解决问题,也通过提升自己的人生境界,去感动孩子,让孩子喜欢自己,把自己当成榜样,让孩子变得越来越好。这才是父母真正的负全责。

悦纳、接纳和纵容、放任

当一个人无论发生什么事情都从自己身上找原因的时候，我相信很多问题也就迎刃而解了。但这样的人太少了，所以才需要很多人把生活当修行。

什么是修行？修行就是每天找自己的不足去改正——修正自己的行为（或思想）。

这些年，很多人问我："找自己的问题，难道别人没有问题吗？这样做，不是越来越看不起自己了！"

其实，找自己的问题有三个层面的内涵：

其一，找自己的不足去改正；

其二，用正确的方式对待别人；

其三，做到前两点有个前提，就是"悦纳自己和悦纳别人"。

我们常说：爱＝信任＋心赏（用心地去欣赏）＋悦纳＋建议＋帮助。悦纳处在中间位置，却是一个人能做到信任、心赏、建议和帮助的前提。

我们也常说：你只有改变你能悦纳的，你悦纳不了的，都不会因你而发生改变。

由此可见，拥有悦纳的能力非常重要，而这个能力却又是最难修行的。当你做到真正的悦纳时，你的人生都会充满光明。

于是，很多学员常会问一个问题："郑老师，我都悦纳我的孩子了，他怎么还这样？"

我会说："千万别说自己悦纳了，你就没悦纳过。如果你真悦纳对方了，你不会有一点难受。因为当你真达到悦纳的状态时，你面对一切的发生，面对一切问题和困难，都会是喜悦的，这样的境界太高了。"

悦纳与接纳

什么是悦纳？悦纳就是发自内心地开心接纳一切人和事，然后用原则和智慧处理问题、解决矛盾并自我成长。简单地说就是笑对一切。

今天，我想问问父母们有没有想过：

你们是否觉得孩子的坏习惯，只要嘴上说一说、骂一骂，孩子就能改掉呢？

你们是关注孩子如何改旧习惯的，还是关注孩子如何建立新习惯的呢？

建立新习惯时，你帮助孩子树立决心了吗？

你具备让孩子树立决心的爱和原则了吗？

你看见孩子行为背后的真相了吗？

你真的悦纳孩子了吗？

如果父母在帮助孩子建立新习惯时，不懂得决心的重要性，也不懂得如何帮助孩子梳理出真相，更不懂得新习惯和旧习惯是没有关联的，而总在旧习惯上盯着孩子，那说明你没有悦纳的能力。

在亲子关系、夫妻关系等人际关系中，只有悦纳了，事情才会变好；不悦纳，就只能天天处理事情，但是什么事情都处理不好。这里面还有最重要的一点，悦纳了不代表不处理，悦纳了不处理就叫纵容。悦纳是处理好一件事情的前提。

在给孩子树立决心时不是讲道理，而需要具备包容、理解、悦纳的能力，给人以温暖和力量。

因为悦纳的境界很高，很难达到，我们就让大家先学会"接纳"。

什么是接纳？接纳就是我允许你以个体的身份、以你独特的生命状态存在于我的内在。你犯了错，我接纳你，我明白你就该是这样，我对你没有评判，至于你的错误行为，我们用智慧陪着你、帮助你去获得想成长和改变的意愿。

接纳有个"四步宝典"：

他就该是这样！

他为什么是这样？

他是什么感受？

我怎么爱他和帮助他？

接纳会促使你走向了解、理解和爱。我们在每一次"接纳"别人的过程中去体会喜悦，才能慢慢走向"悦纳"。

那接纳与纵容、放任有什么区别吗？很多人在践行过程中，特别容易混淆。

纵容与放任

什么是纵容、放任？

纵容就是接受不良的人和事，任由问题和事态发展，或对不良的人和事视而不见，不加制止，任其发展。

放任则是不加约束，任凭其自然发展。

放任可能是不会管，不知道该管不该管，而纵容则是会管也不管，该管也不管。

接纳和纵容的区别

接纳与纵容重要的区别在于：接纳后还需要智慧地去处理，纵容是不处理不解决。

比如，有些人觉得自己有拖延症，很耽误事，不太好。以前他努力改变，没有效果，就会否定自己，不接纳自己。当他知道"接纳"这个词后，就会跟自己说："我要接纳自己的不完美。"这当然没有问题，可是他接纳完自己后，就没有后续了，他的接纳意味着不去改变了，那就变成了对自己的纵容。我们让一个否定自己的人先接纳自己当下的"做不到"，是因为否定自己是负能量，会让人没有改变的动力。在你接纳自己当下就该是这样之后，再去探寻自己做不到的原因，看见真相，你就能在理解自己的同时有动力去改变，坚持改变，那问题不就解决了吗？

案例：

一位妈妈，最近发现 10 岁的儿子在每次犯了错后，会找很多理由来证明都是别人的原因才让他犯错的。一开始，她听到儿子找理由时，都会火冒三丈，认为这孩子犯了错，还狡辩，怎么这么不敢承担啊。她先是和儿子讲道理，越讲儿子就越会找更多的理由，最后她只能以情绪镇压，可儿子心里根本不服。

学习之后，她得到了一个概念：她得接纳孩子，孩子才会改变。于是，她压抑自己的情绪和感受，装着理解孩子，与孩子共情，以此代表自己站在孩子一边，可心里充满了担心焦虑，就怕孩子因此会变本加厉，养成推卸责任不敢承担的习惯。

这当然不是真接纳，但是这一步对这位妈妈的改变是有意义的，这也是她改变过程中的必经阶段。她先克制住自己原来用情绪处理问题的错误行为，不让亲子关系恶化，让自己先从"错"到"不错"，冷静下来，才能找到原因，产生智慧。

经过几次调整，这位妈妈一点点感受孩子，她发现孩子之所以这样，是因为过去自己面对孩子犯错时，都会不高兴或生气。孩子特别想让妈妈开心，特别怕妈妈生气。于是，他就用各种理由来证明自己没错，只要自己没错，妈妈就不会生气了。

看见这一点，妈妈潸然泪下，原来孩子就该是这样，孩子看似"狡辩"的背后藏着这样的恐惧和一颗特别爱妈妈的心。

后来，妈妈在遇到类似事件时，首先去拥抱孩子，告诉孩子，妈妈没生气。孩子原来激动的情绪一下就没了。妈妈与孩子有了一次交流，最后妈妈告诉孩子，犯了错，不怕，妈妈会陪着你一起承担，陪着你一点点改错。

所以，什么是接纳？接纳是看见"他是谁"，不要求他"成为谁"；是爱他如他所是，是从"他怎么是这样"到"他本就该是这样"的转变。他的好和不好都是属于他的一部分，我爱他，不会因为他做了不好的行为而不爱他。

碰到问题，我接纳他，不是说我不去处理，而是要用原则和智慧去处理，即帮助要讲时机，建议要有成效。

纵容往往是没原则没底线，碰到违背原则的事，明知是错的，怕他有情绪而不敢面对，不敢坚持，是一种逃避的行为。

一个人只有接纳了，才能智慧地处理问题；不接纳，所有的处理都可能是在宣泄自己的情绪和要求而已。

很多人认为，接纳就是不处理，那才是纵容。而接纳了，再去正确地处理，这才是智慧！

宠爱和溺爱

为人父母，爱孩子是天性使然，可父母有一颗真的爱孩子的心，却不一定会真爱，这就有可能会产生错误的爱，比如溺爱。

溺爱是孩子成长中的慢性"毒药"

这些年我见过很多特别爱孩子的父母，他们每天的生活重心都是孩子，这看似是爱，本质上却是溺爱。溺爱就像"慢性毒药"一般，会一点一滴地蚕食孩子内心的"成就感"和"价值感"，当孩子内心世界的成就感和价值感降低的时候，很多问题就会慢慢凸显出来。

何为溺爱？以孩子为中心，围着孩子转，生活上过度帮助孩子，物质上过度满足孩子。父母之所以会产生溺爱，深层次的原因就是父母内在世界要么对孩子的未来充满着担心和恐惧，要么希望孩子满足自己内心的欲望和要求，即父母会通过包办和溺爱来减少自己内在的恐惧，或者执着于让孩子满足自己对其的期待和要求。

对于当代家长来说，典型的溺爱包含在下面几句话中：

"我怕孩子受累，我怕孩子冻着！"——我就会竭尽所能呵护他，小心翼翼，以致过度保护。被过度保护的孩子，会不会因为丧失了很多体验的机会，而无法独立自强呢？

"我怕别人有的东西，孩子没有，会被别人看不起！"——我就会总想满足他，以致过度满足。被过度满足的孩子，会不会形成一种"理所当然都应该满足我，以我为先"的心理，而不懂得珍惜和感恩呢？

"我怕孩子生气！怕他不喜欢我！"——我就会在该坚持原则时不敢坚持原则，从而纵容孩子。被纵容多了，孩子会不会变得没有规矩没有底线，不顾及他人的感受，活得很自我呢？

如果在你的脑海里有这几种观念，那你可能就会尝到包办溺爱的苦果。

包办溺爱会造成什么后果呢？

第一，孩子没有"成就感"和"价值感"，自信心和上进心会持续下降，慢慢就会失去积极向上的动力，从而不思进取。

第二，孩子缺乏责任感和道德准则。因为家庭对孩子的过度满足，孩子认为自己得到什么都是应该的，慢慢就会只考虑自己的感受而不懂得考虑别人的感受，从而变得自私自利，缺少责任感和道德准则。

第三，孩子追求物质享乐，没有精神追求。因为长期不劳而获，衣来伸手饭来张口，没有精神追求，从而导致内心空虚，追求刺激、物质享乐。

对于长期溺爱孩子的父母来说，解决起来很不容易。"只有家长放下，孩子才有责任"，然而放下谈何容易？！父母看似要放下的是孩子，实际上要放下的是自己内心对孩子的欲望和恐惧。

父母只有真的放下孩子，孩子只有自己面对自己的人生，责任心才能慢慢回归到孩子身上，从而消除家长溺爱对孩子造成的影响。

解决包办溺爱，也就是解决孩子自私自利、不思进取、贪图物质享乐的方法和步骤如下：

第一，父母关注自我成长，关注自己生命的价值和意义，系统学习。

第二，父母放下孩子，要么让孩子独立面对生活和学习的问题，要么给予孩子责任和道德的原则，让孩子感受到"没人管我了，我到底该怎么办？""父母有原则了，我要靠自己了！"只有当孩子从心底开始思考"我该怎么办"的时候，孩子才会真正开始承担责任。

第三，当孩子发出"我该怎么办"的疑问，同时开始自己找出路的时候，父母可以出手帮助他，帮助的前提是"孩子主动开始行动"。

第四，让孩子感受到通过自己努力收获内心的"成就感"和"价值感"，这一点非常重要。

第五，在整个过程中，家长决不能因为孩子的进步或者孩子出现错误甚至失败就又开始包办和溺爱，而是要有原则地去陪伴。

如果家长心里有很多担心、恐惧，他就一定会对孩子产生溺爱，溺爱到一定程度，当他有一次无法满足孩子的时候，孩子会发脾气，会情绪化，而家长会很委屈："我都对你这么好了，你怎么还这样？"最后，家长就呈现出对孩子过度在意却不满意的状态。其实这种在意也不是真在意，而是不放心、不相信孩子，无形之中剥夺了孩子的很多生命成长体验。

这都是父母内心的"怕"造成的。其实一个人的"怕"，是因为不自信，不自信就不会相信别人，没有信的力量。"信"是战胜"怕"的法宝，父母需要通过学习和成长，增加自己信的力量来战胜这些恐惧。

宠爱是在有原则基础上的很满意却不在意

什么是宠爱呢？

《现代汉语词典》里说，宠爱是喜爱和偏爱，溺爱是过分宠爱。这都是泛泛的解释。

我们更想说，宠爱是在有原则有底线的基础上的很满意却不在意，是内心充满爱和信的真爱。

当你对孩子充满信心，充满爱和信，你不会因为他犯了错，就怕他变得不好；你会在不违反原则和底线的情况下，给孩子充足的温暖，让家里充满情感的交流；你会给孩子充足的信任，因为有信任才有爱，你给他足够的空间，让他练习飞翔，让他能够腾云驾雾，而不会太在意他是否受伤受累受挫折，是否走了弯路，你会放手让他有更多体验去吸取失败的经验和成功的智慧；在他遇到问题和困难时，你会像座山一样给他稳稳的依靠，给他合理的帮助和建议，并陪着他，推动他迈步向前，让他不惧怕，坚持往前走。

案例：

我就很宠爱我的女儿，她桌上有电脑、手机，还有一部学画画用的 iPad，我从不管她使用这些电子产品的时间。有时候她在玩手机，我会过去捏捏她的肩，对她说："是不是学累了，尽情玩，让自己放松放松。"所以，她也从不沉迷其中，即使玩也不耽误自己要做的事，因为我信任她，了解她，我和她关系很好，我才敢不管她。

在我们家的日常生活里，我会创造很多的情感交流机会，让彼此心心相印。对于女儿成长过程中几个关键年龄段的生日，我会特别用心。

比如，6 岁标志着从幼儿期向童年的转变，我会给女儿策划一个很特别的生日会。在她生日之前，我买她喜欢的拼装城堡，一片一片地拼，她会过来看。我告诉她：每一片都代表着爸爸对她的爱，我们爱她，她就可以去爱更多的人，去爱这个世界。

12 岁是女儿告别童年走向成熟的开始。我专门给女儿写了一封信，和她讲什么是真正的尊重，并且读给她听。我告诉她：首先，她必须尊重法律和规则，这是底线，如果她不尊重法律和规则，我也不会尊重她；其次，她必须尊重道德，这是比法律更高级的东西，如果她违反了，我会给予她严厉的惩戒，同时我也会对自己有所惩戒，因为她违反道德规范，一定是我没有做好榜样，没有尽到父亲的教育责任；最后，她要尊重爱，爱是规律，是更美妙的追求，这一点我不要求她，我会自己先做到，再用我的行动去带动她。

再比如，曾经，女儿周末时喜欢睡懒觉，我对她说：很多人工作五天就为了两天的放松和吃吃喝喝睡，有这样状态的人，他的人生目标就只是吃吃喝喝和享乐，并不是更好地学习和生活，两天的休息是为了五天更好的学习和工作。可是，一个好习惯的养成，是需要一种延续性的，不能五天一种习惯，两天一种习惯。我每天都会早起，是女儿的榜样，所以，她很自然地就想调整自己的周末作息。但我会告诉她：

第一，改变没有那么容易，人一下子改变不了，我们先把道理听懂了，再用一年两年养成早起的习惯，不要着急（我从不要求孩子，我只是告诉她，让她先懂得这个道理）。

第二，你真想养成这个好习惯，我们可以约定好，一开始爸爸不管，由你自己去坚持（就是放手让孩子自己做，也许她能很快养成习惯，也许需要很长的时间，我不会要求她应该用多长时间做到）；过一段时间后，我再去督促，在你想逃避和退缩时推一把（这就是困难时给予帮助，不执着于她是否能做到的"果"，而是耐心地陪伴她一次次面对；我还和她开玩笑说，如果她需要我鞭策时，我也会动手鞭策哦，其实我知道她不需要我这样）。

很多人特别容易待在舒适区里，这样的人没有力量。而我会温柔地坚持执行后果，温柔地陪着她成长，温暖又有力量地推着她前进。

真正的宠爱，内心充满爱和信，能让家里充满欢声笑语，充满暖暖的感觉。孩子在这样的家庭氛围中，怎么会差呢？他对家有极强的归属感、荣誉感、责任感和使命感，他因为珍惜家里的一切而不会让自己所爱的家蒙羞；同时，他会把自己的爱传递给更多的人，让父母以他为骄傲。

关心和照顾

看似互相关心，其实都在互相照顾

你如果想让家庭幸福，就必须分清楚"关心"和"照顾"这两个词。这两个词的区别在哪里？

首先，我们来定义一下照顾和关心的范畴：

照顾是物质层面的，是家庭成员的责任和本分。

关心是心灵层面的，是满足对方心理需求和精神需要，是爱。

照顾是你对另外的家庭成员的责任和本分。比如，在小家庭里，父母应该挣钱养家，供孩子吃喝。但是有的家长拿着自己该做的事情问孩子要孩子不该做的。比如，跟孩子说："爸妈容易吗？起早贪黑，送你上学，给你做饭，给你买好吃好穿的，带你去玩，你就不能有点出息吗？你就不能理解理解爸妈吗？你就不能积极向上吗？"

用钱能替代的都叫照顾。做饭、打扫卫生，可以花钱请小时工；接送孩子上学放学，可以花钱请托管机构人员……这些都能用钱来满足。

但是花 100 万元能买来关心吗？花 200 万元能买来爱吗？花 300 万元能买来理解吗？花 400 万元能买来幸福吗？花 1000 万元能让孩子有出息吗？不能。对吃喝拉撒的照顾和爱、温暖、理解、关心是两个层面。照顾只是满足对方的生理和身体需求，是低层次的。

关心则是满足别人的需要，是让别人得到精神上的愉悦，这是拿钱买不来的。

现在很多家庭成员看似互相关心，实际上绝大部分人都在互相照顾。

小贴士：这些不是真正的关心

有人说："我把他们的衣食住行都安排得妥妥当当，我对他们无微不至。""我努力工作挣钱养家。"——不好意思，这只是照顾，并不是关心。

有人说："我对儿子是嘘寒问暖，呵护备至。"——请问，这是对方需要的关心吗？"有一种冷叫妈妈觉得冷"，这也仅仅是照顾，还可能是别人不需要的照顾。

有人说："我关心他们累不累，累的话，让他们赶紧去休息。"——请问，对方是否真的感受到你的关心？当对方没感受到时，你的关心也就不是真关心，是浮于表面的，无法俘获对方的心灵。

"关心"这个词特别有意思，关的繁体字是"關"，就是把"心"关在门内，"心"被四面包围着，人就会有"暖暖"的感觉。

所以，关心一定是让人有种暖暖的感觉，是知道别人需要什么，并能给到位，而不是把自己认为对方需要的给对方，结果却让人烦，让人无可奈何，让人逃离，让人对抗。

很多人都只是在照顾对方，并不懂得关心对方。很多人还会误把照顾当成关心，并且希望对方关心自己来作为回报。我们常会开玩笑地说：天下哪有这么便宜的事，如果做点照顾的事就能换来关心，那可是天上掉馅饼了。因为物质层面的照顾可以用钱买到，而关心无价。

关心要以尊重和理解为前提，关心要做到位，需要具备智慧和真爱的能力。

小贴士：这些是真正的关心

男人工作上遇到了问题，在外奔波了一天，满身疲惫地回到家，本来想安静地待一待，女人拼命地在旁边说："你有什么烦恼，说啊说啊。"女人想用这样的方式表达关心，实际上却让男人烦不胜烦。男人是喜欢自我疗伤的动物，此刻，他最需要的关心是，给他安静的一角，为他送上一杯茶。等他想说时，女人静静地听，用心疼的眼神望着他说："老公，你累了，让我来抱抱你吧！"

男人通常用物质来表达对女人的关心，觉得自己把能给的都给了女人，为什么女人还不满意？那是因为他不知道女人的需求是什么，女人要的是发自内心的关心，当她感觉到被关心、被放在心上看重的时候，她就心安了。其实，她唠叨某件事时，要的不是你给她解决方案，而是内心有很多不安，需要你用心回应或者给她一个拥抱就好。

物质层面的礼物，看似能让人开心，人在得到礼物的那一刻会感到兴奋满足，而过后可能就不会再珍惜了，或是想追求更好的东西。而精神层面的礼物所带来的美好感受，也许会让女人一辈子难以忘怀。到老时，也唯有那些带着时间印记、情感印记，无法用钱买来的礼物，才会是你们永远美好的回忆，因为这里面浇灌了一种被称为"爱"的东西。

孩子放学回家，很气愤地说起与同学之间的矛盾，你拼命和他讲道理，担心他继续生气，担心他不懂得和同学相处，这不可能给他带来关心和爱，只能让孩子因不被理解而更生气或更压抑。

把照顾当成了关心、关爱，并以此作为交换条件要求别人来关心和关爱自己，越"要"越要不到，也不会关心和爱别人。

因为关心和爱是无私的，是奉献，而不是索取（见图3）。

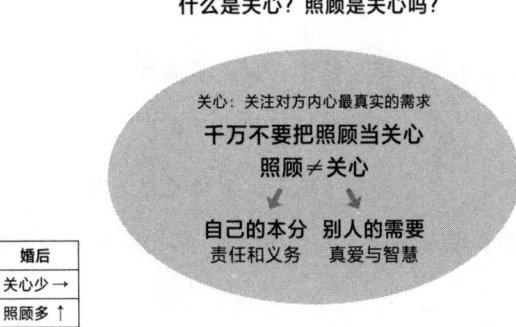

什么是关心？照顾是关心吗？

关心：关注对方内心最真实的需求
千万不要把照顾当关心
照顾 ≠ 关心
↓　　↓
自己的本分　别人的需要
责任和义务　真爱与智慧

婚前	婚后
关心多 ↑	关心少 →
照顾少 ↑	照顾多 →
感受好 ↑	感受差 →

关心 > 照顾
请多多关照！
请多多关照我！我要好好地关照你！

图3　照顾 ≠ 关心

照顾越多越会产生抱怨

照顾不能让人产生愉悦感，只能让人产生舒服感。吃着舒服，玩着舒服，睡着舒服。舒服更多的是身体上的感觉，而喜悦、温暖、力量、爱是心理和精神层面的。

照顾越多，越会产生怨妇和怨夫。因为你照顾一个人，是身体层面上的付出。一个只能在身体方面付出的人，往往付出不了心理和精神。家庭里面抱怨的人，是因为想用物质换取精神的回报。他们把照顾当关心的同时，还想用照顾换别人的关心。

照顾的本质是付出，关心的本质是爱对方。付出不求回报才是爱，爱是无条件的。

照顾大于关心的人，往往会一边关注着自己的付出，一边抱怨着别人对自己不好。

比如，他们常说：

"这个王八蛋，我都对他那么好了，他还不满意！"

"我为这个家尽心尽力，可连句好话都得不到！"

"我一心为了孩子，孩子却成了这样，对得起我吗？"

"你老爸我在外面挣钱养家，特别辛苦。你就不能好好学习，为这个家争光？"

"我在外面这么辛苦挣钱，你知道男人有多大压力吗？回来你还唠唠叨叨的。"

有人付出了很多物质，也关注着自己的付出，抱怨着别人没回报自己。在物质上过度追求的人，都是精神空虚的人。在精神上有追求的人，都不会过度追求物质。当父母给予孩子过多的物质照顾的时候，往往这个孩子的精神是空虚和匮乏的。如果他学习特别努力，成了追求物质和成功的人，你可能还会安心一点。一旦你在物质方面给予他太多的照顾，使他根本不想着努力了，你会发现他精神空虚，追求刺激，人生迷茫，可能会做出非常多让周围人都不舒服的事，最后变得或者缺德，或者自私和自我，甚至走上犯罪道路。

请多多关照

现在很多家庭的物质条件越来越丰富，但是人和人的心越来越疏远。夫妻之间凑合着过日子，失去了真正的甜蜜和爱。亲子关系也变得紧张，父母照顾孩子的一切，孩子反而抱怨更多、叛逆更多、封闭更多，也有更多的孩子开始不尊重父母。

因为太多人把照顾当成关心，太多的人可能从未有过对家和家人的关心。

家是我们温暖的港湾，也是力量的源泉。我们面对家人，应该说：我要多多关照你，也请你多多关照我。

关照是什么意思？就是把照顾那一部分当成自己的本分和责任，默默做好。在此基础上，了解对方的心灵，并进一步满足他的心灵需求和精神需求。如果家里每个人都把照顾当成自己的本分和责任，不总把照顾挂在嘴边，每个人都想着家庭中其他成员的心理和精神需求的话，这个家肯定会幸福，家里会充满着责任感和荣誉感。

奉献和付出

"奉献"和"付出"这两个词，也是一组看似意思相近、内在含义却大不相同的词。很多家长把付出和奉献等同，认为全力以赴地付出就是奉献。他们时常把"可怜天下父母心"挂在嘴边、放在心里，这样的家长往往教育不好孩子。因为家长内心深处会觉得，自己全力以赴地付出了，应该得到一些回报，孩子会觉得家长的付出是"活该"。如果孩子发自内心地觉得"可怜天下父母心"，他可能就会懂得感恩。

作为父母，我们付出很多，如果我们不能明确付出是不是爱，那我们还一直在付出着，会不会南辕北辙？

付出不是爱

今天，我要明确地告诉大家：付出不是爱，付出不求回报才是爱。

也就是说，付出不求回报的关键不在于"付出"二字，而在于"不求回报"这四个字。很多父母认为自己不求物质的回报就叫不求回报，比如跟孩子说：长大挣钱之后，我不要你的钱，我不用你养老，我们不给你添负担。那只能说明你是物质价值观。只有连精神的回报都不要才是真的不要回报。

什么是精神的回报？我们举一些例子来看。比如你家里是否有以下情况出现：

妈妈对孩子说：我伺候你吃，伺候你穿，天天接送你上下学，竭尽全力对你好，给你提供最好的物质条件，你怎么学习还这么差？你怎么总是不听话？

爸爸对孩子说：老子和你妈每天这么辛苦，给你挣钱，给你买好吃的、好喝的，为什么？不就是为了你能有出息吗？

妻子对丈夫说：我给你家生孩子、带孩子，给你洗衣做饭，你说我容易吗？你怎么每天回家还没个好脸？你就不能关心关心我？

丈夫对妻子说：我在外面累死累活，给家里辛苦挣钱，回到家就想轻松轻松，你怎么总是唠唠叨叨的？你就不能体谅体谅我的不容易吗？

你要有出息，你要理解父母，你要尊重父母，你要体谅父母的不容易……我不要你的钱，不要你养老，只要你有出息，只要你考第一……这不是不要回报，这是要得太多了。

付出不求回报才是奉献

其实，真正的爱是付出不求回报，是没有条件的。

付出不求回报就叫奉献。

只是，太多的父母把付出当奉献、当爱了，他们关注着自己的付出，抱怨着没有回报，在不会爱还努力爱的泥潭中，伤害着孩子，最终伤害了自己。

因为很多父母求回报的时候，如果孩子给不了他们想要的，他们就变了一张脸：我好烦你啊，我付出这么多，你就不能体会我的不易？我付出这么多，你就不能好好写作业吗？

烦是一种负能量，而且，烦着烦着你就会提高负能量级别，从讨厌他的行为，上升到讨厌他这个人。孩子从你的眼神、语气、表情里都能感觉到你在烦他，感觉到你不爱他，他压力越来越大，越不能变好。因为改变自己的不良行为是需要正能量的，需要理解、关爱、悦纳、支持等。

有一些家庭甚至走到了更高的负能量级别：父母和孩子互相怨恨，亲子关系出现问题。孩子面对家长的负能量只有三种办法应对：

第一，努力迎合你，给你回报，但你可能永远不会满足。

第二，孩子发现自己无法满足你，于是他不想回报了，变得平庸、无所谓，开始混日子。

第三，孩子开始反抗。他人生最美妙的事就是跟家长对抗，他心里只有三个字：凭什么。在这种情况下，尽管父母说的话都是正确的：按时起床、不要迟到、尊重老师、认真写作业、要有礼貌……但是因为亲子关系不好，孩子就不听父母这些正确的话，那他可能就不会去做正确的事，甚至会做点不正确的事跟父母对抗。

很多家长认为付出是天经地义的，要回报也是天经地义的，但是他们忘记站在孩子的角度想一想，孩子看到的是什么，感受到的是什么。孩子感受到的是有条件的爱，是父母对他的期待和要求，以及父母在期待要求没有被满足时对他的烦厌怨恨。但是父母不会怪自己的负能量，只会怪孩子不够好。生活中孩子产生的毛病可能都是负能量造成的。

孩子写作业的时候，没有写好，家长对他说："不是每个孩子都能写好的，哪里没有写好、不会，爸爸妈妈教你。如果爸爸妈妈也不知道，咱们就找老师问问。"有家长说，我也是这样说的啊，但是孩子为什么还是不能写好？你要反思，你跟孩子说的时候，你的眼神是温暖的吗？你的表情是开心的吗？你的语调是让人喜悦的吗？你是不是嘴上说着好听的话，心里想的却是：我为了让你好好写作业，给你拿了酸奶，拿了水果，给你做好吃的，不让你做家务，你怎么还是写作业都写不好？

你想要回报，就会着急，就会抱怨，就会去控制，你的要求、你的焦虑、你的害怕等负能量，孩子都能感受得到。

很多孩子并不知道他为什么表现得不好，可能也不知道什么叫无条件的爱。他从懂事起，感受到父母给他的都是付出要回报的所谓的爱。他作为一个人，特别想要他内心最想要的那个东西，但他并不知道那个东西是什么，他在怨恨父母的时候找不到他想要的东西的答案，于是开始出现各种各样的问题。

如何具有奉献精神

人要怎么才能有爱？人要怎样才具有奉献精神呢？很简单，就是感别人的恩，改自己的过。不断找出自己的不足去改变去成长，不断地看到别人的优点去表达、去感恩。

所以，想成为优秀的父母，把孩子教育好，我们要考虑的是，能不能在家庭的点点滴滴中，看到自己要回报的这颗心，然后把它"格"掉。家长可以试一试，想要回报的时候，就想尽一切办法让自己不要回报，坚持一段时间，看看孩子会不会越变越好。

那有家长问了：我听您的，格掉要求回报的心，顺着孩子来，但他就是想不起来做作业，我也没有管他、监督他，他这次考试成绩就很差。我并没有看到他变得越来越好，怎么办呢？

其实，你想看到效果或者看不到效果，说明你还是在要回报，还是没有格掉那颗心。你格不掉，就会产生很多假设。如果你真正做到格掉要回报的那颗心，孩子刚开始甚至可能会变得越来越差。这个时候，你只要记住一句话：孩子是一个生命，他是一颗种子，种子埋在地上，只要土壤合适、水分合适、空气合适、阳光合适，他一定能成才。

真正的格掉难倒了很多家长。他们太功利了，只想学点东西马上能让孩子变得更好。这本身就是一种付出要回报的心理："我都在外面上了这么多家长教育的课了，我都看了那么多家长教育的书了，他怎么还没有变好？"只要付出求回报，少数孩子最多能成为一个功利而成功的人，大部分的孩子则可能还是很普通的人。

如果孩子越变越好，我相信你可能就会越来越想格掉自己要回报的那颗心。你从自私走向无私的道路，既能让孩子变得越来越优秀，又能让你的生命变得越来越光明。

真好和最好

什么是好

家长都希望孩子好。

那什么是好呢？我们从两方面来说。

第一，好的标准是什么？

有人说，好的标准是孩子快乐；有人说，好的标准是孩子幸福。

快乐是情绪，幸福是情感。快乐很简单，不写作业孩子就会快乐，不上学也可以快乐，吃喝玩乐更可以快乐。快乐往往跟责任不相关。而幸福只是一种方向，不是标准。

有人说，孩子不危害别人、不危害社会就是好。这个标准太低了。家长要先确定标准，如果没有标准，会给孩子造成很大的困惑。

第二，你到底是想让孩子"好"还是"最好"？

很多家长希望孩子什么都要最好。生产的时候，要在最好的医院，找最好的医生。出生之后，喝最好的奶粉，上最好的学校，配备最好的老师，最好考第一名，最好能当班长，最好能在人群中出类拔萃……

家长一旦希望孩子好，就会伴生一种行为——看到孩子的不好。他们每天都能找出孩子的缺点，让孩子改正。因为他们心中有一个好孩子的样子，他们按照那个样子来要求现实中的孩子。那个好孩子按时起床，按时睡觉，特别有礼貌，上课认真听讲，不用父母操心，回家就写作业……总之，一点缺点都没有。

家长把现实中的孩子跟心目中的孩子进行比较，看到了他们的差距，就会盯着孩子的不好，开始否定孩子：你怎么不认真听讲，你怎么不好好写作业；今天你才考了80分，在我心中，你应该考95分啊；你怎么出去不跟人打招呼，一点礼貌都没有……

家长爱的是自己心目中的孩子，他们其实是在爱自己，他们在让孩子满足自己，他们活在欲望中，孩子成了他们满足欲望的工具。在哲学层面上，孩子就被物化了。孩子感受不到自己是活生生的人，在他的人生中，努力达到父母的要求是最重要的，他的喜怒哀乐、幸福与否都不重要，他失去了自我。

父母在物化孩子的同时，做得最多的就是看到孩子的不好，要求孩子改正，我们把这叫"变态逻辑"。

看到一个孩子的缺点和不足，告诉他并要求他改变，最后他进步了，这看起来很符合逻辑。但逻辑不一定是规律。真正的规律是当一个人被信任、被欣赏的时候，他愿意改变自己的缺点去成长。一个人主动愿意改变才会改变，别人想让他改变，他往往不会改变。当被亲人否定时，他产生的往往是对抗、叛逆，是不愿意改变的心态。

因为你否定他的过程是他产生压力焦虑的过程，是他努力满足你而不能活出自己的过程，是他满足不了你而产生对抗叛逆甚至自我否定的过程，这会对孩子的一生产生极其消极的作用。

要做到真好，而不是最好

世界上没有完美的人，教育孩子，应该让他们做到真好，而不是最好。

什么是真好？

每个人都是独一无二的，应该有自己的样子。父母脱离自己的欲望和标准，脱离自己的否定和不认同，看到孩子之后发自内心产生的是爱、喜悦、信任，对他没有批评，没有夸奖，而只是说你真好，孩子在这种无条件的爱下，他会真正地好起来。

孩子不应该被物化，更不应该被否定，尤其不应该被自己的父母物化和否定。父母要做的就是不要希望孩子最好，更不要看孩子不好，而应该看到孩子是独一无二的，我爱他不因为任何的附加条件，我爱他只因为他是我的孩子。

当你有了这种心态，你面对孩子的时候，内心只有一个声音：有你真好。

当你真正这样对待孩子，他感受到被尊重、被爱、被信任，就愿意让自己不断成长，就会变得越来越好。

孩子的内在世界感受到被爱，就会产生一种东西。这种东西能让孩子越来越好，这种东西叫善。不是善恶的善，而是止于至善的善。

止指人生的目标，善就是不断地完善自己。当父母对孩子真好的时候，孩子的内在世界就产生了一种动力。这就是不断完善自己的动力。他总是愿意发自内心地看到自己的不足和缺点并去改正，他一生就走上了止于至善的道路。止于至善就会让人越来越好。当一个人发自内心地追求越来越好的时候，这个人是真好。

真正爱孩子，就不要希望他最好，不要看他的不好，应该抛掉你心中的欲望和有条件的爱，抛掉你的恐惧，去相信他，去爱这个生命。让他感觉到自己的生命是独一无二的，爸爸妈妈爱的是他这个人，而不是他努力的结果。

真好是正好，是止于至善

什么叫真好？真好就是正好。不管做人还是做事，做得特别到位，既不过度追求，也不否定自己，就会走到一个正好的状态。

正好不是正中间，正好是一个人一生追求的最高境界，做任何事情都不偏不倚，都不过度也不缺少。这是《中庸》里面讲的灵活性和原则性的高度统一，就是方和圆结合的境界，内心极有原则，外在极有智慧。跟人相处，跟每一个人关系都很好，但是内在世界一直保有正道和原则。清清白白做人，开开心心做事，同时，还能保持正道和原则不变。这样的人生境界是我们一生要追求的止于至善的境界。

为什么我们要如此大篇幅地讲什么是好、最好、真好，因为只有这些观念正确了，你在教育孩子时才能有智慧。

小贴士：面对犯错的孩子，我们的心态应该如何？

犯错的孩子就不是好孩子吗？孩子犯错的时候，他知不知道自己错了？比如上学要迟到了、忘记写作业了……他其实知道。

当孩子犯错的时候，家长最重要的事情是让孩子发自内心地愿意改错，而不是批评他。

在什么情况下，孩子愿意发自内心地改错呢？

孩子犯了错之后，会特别不好意思，他容忍不了自己犯错。这种自己放不过自己的心态，叫耻。

知耻后勇，他有了勇气，就能面对一切困难和挑战，就愿意面对问题和错误，愿意战胜问题，愿意改错。

耻是怎么来的呢？父母无条件地爱他，爱得他自己都不好意思。

一个孩子犯错了，父母不要关注他如何改错，更不能关注他错了，因为指出他的错是看到他的不好；要求他改错，是希望他更好。

家长要悦纳孩子的错误，要这样跟孩子说："犯错才正常，不犯错的是神，人都会犯错。咱们找到原因以后改。知错是很重要的，改错很难。如果改起来不容易，爸爸妈妈会帮你。爸爸妈妈帮不了你，我们找人帮你。"

这些话都是在告诉孩子你真好，犯错很正常，让孩子感受到理解、接纳、包容和爱。这种不好意思的状态如果能保持在孩子的内心中，他只要做了错事，就不会放过自己，他就会想尽一切办法去改变。

故意做的错事叫恶，我们要有原则地对待孩子，用规矩来教他，让他承担后果。不是故意犯的错就叫错，我们应该用包容、悦纳的心态来对待孩子，让他产生不好意思的心态。

当他不好意思了，他就会自我谴责，一定要改了这个错，他才安心。

不希望孩子最好，不希望孩子不好，让孩子感受到父母发自内心无条件爱他之后的心态，就能产生面对困难、面对问题、面对错误的勇气。

孩子没有勇气，面对不了错误，更改不了错。孩子的勇气源于知耻，知耻源于父母的包容、悦纳、信任和爱。

小贴士：家里有两个孩子，总是吵闹、互相告状怎么办？

其实，家庭的矛盾往往是成人造成的，不是孩子造成的。

可以试一下这种方法：

冰棍买一根，交代两个孩子一人吃一口。一会儿就有人告状另一个吃了两口，这时家长把冰棍拿走自己吃掉。玩具买一份，两个孩子一起玩，如果吵架，家长就把玩具收走，谁都玩不了。

家长不要当裁判，出现问题时让他们一起罚站。一起罚站不会伤害到谁。两个孩子站一会儿就会开始说话。时间长了，他们会发现俩人团结的话，得到的多，越吵闹，什么都得不到。

第二章

优秀孩子
有德有责自然香

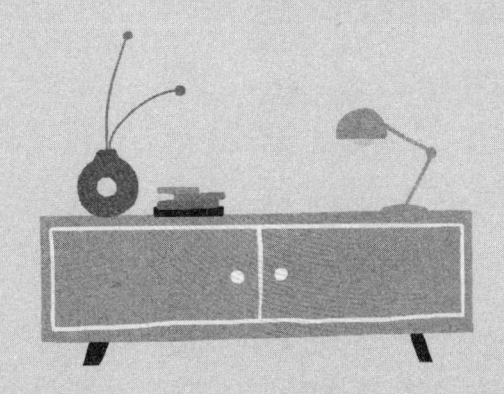

优秀和成功

教育的本质是培养孩子成为优秀的人

父母想把孩子培养成什么样的人？优秀的人还是成功的人？这两者之间有区别吗？

可能很多父母内心的真实答案是希望孩子成为有名利权财的人。因此，教育围绕着"成功"二字做足了文章，把能力才华的培养做到了极致，驱使着孩子们"好好学习，多才多艺，考名牌大学，自食其力，追求成功"。至于孩子的人品、道德、责任、志向……似乎被父母和老师们忽略和忘却了。最后，导致的结果可能是：

成绩优异的，却自我而功利；

成绩好的，却充满压力和焦虑，心态差；

成绩中等的，混日子，未来还可能这么混一辈子；

成绩差的，在批评、忽略甚至嘲讽中，要么叛逆，要么封闭……

父母和老师们错误地把"成功"等同于"优秀"，造成了：

孩子的人生观、价值观、生命的教育、志向的教育，没人引导。
孩子的德行责任、做人的教育，没人把关。
孩子的良好心态、温暖有爱，没人给予。
孩子的自信上进，没人培养。
孩子对两性关系、对爱的理解，没人帮助。

而这些是奠定孩子生命底色、决定孩子一生幸福的要素。关键是：

努力学习了就能考一所好大学吗？不尽然！
考所好大学就一定能找份好工作吗？不尽然！
有了好工作就一定有好收入吗？不尽然！
有了好收入就一定有好生活吗？不尽然！
物质条件特别好就能收获幸福吗？更不尽然！
那，你的孩子最终会成为一个"优秀"的人吗？这更不尽然！

大家不要本末倒置。教育的本质不是学习知识，考上大学，追求成功；教育的本质是使一个人成为优秀的人。

成功在做事层面

什么是成功？成功是指在做事层面上，以结果为导向，是有形的。

第二章
优秀孩子｜有德有责自然香

什么是成功的人？人生只为追求结果，达到结果，也就收获了成功，最后获得了社会公认的"名利权财"，就会被定义为成功的人。但是一个人再成功，都会有比他更成功的人。

功利主义者认为：孩子，你一定要好好学习，学习对你很重要。好好学习是考好大学的一个手段。考所好大学是成功吗？不是，好大学是找到好工作的手段。找到好工作就是成功吗？也不是，因为有好工作也是手段，目的是有份好收入。家长觉得，有了好收入，生活才会幸福。物质条件好才会幸福的这种成功的价值观，是功利主义者和拜金主义者的价值观。

如图4所示，原点是生，横坐标是死，纵坐标是成功。横坐标代表做人，纵坐标代表做事。成功往往是面向未来的：我要考第一名，以后要考好大学，以后要找好工作，以后要赚很多钱，以后要买很大的房子……它是一个过程之后的未来。所以成功在于未来，并不在于当下。

在教育孩子时，父母希望他时时刻刻都优秀，能上最好的幼儿园，

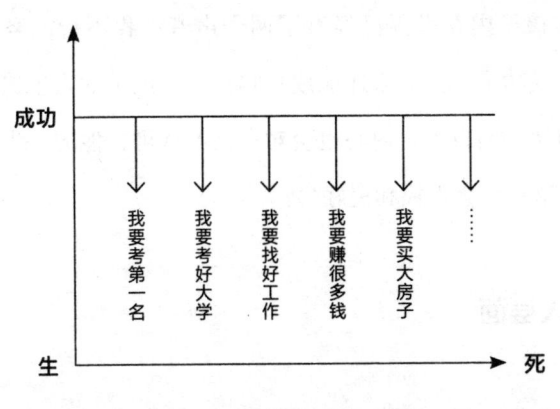

图4　成功只代表做事层面

能上最好的小学,在班级里最好能考第一名,能考最好的中学,能考最好的大学,能找到最好的工作,挣了钱能有最好的生活……

当父母有这种想法的时候,有些孩子在一、二年级就不再成功了,因为妈妈让他考 100 分,他没有考到。另外一些孩子在一、二年级的时候一直能考 100 分,但是三、四年级的时候成绩就会降下来。因为一、二年级的内容简单,且主要是为了培养孩子的学习习惯,只要认真,成绩都不会太差。三年级之后,很多只靠记忆的孩子成绩突然下降,他们就会开始自卑。

还有一拨孩子,小学六年都表现得很成功,但到了初中,发生了巨大变化,跟以前形成了巨大反差。初中的学习内容和小学的完全不一样,有很多的题目需要思辨,需要内在能力,需要非智力因素。

同理,有些孩子,从高中开始成绩不行;有些孩子,考上大学就觉得自己任务完成了,天天吃喝玩乐,大学毕业之后,啃老、不思进取。随着时间的推移,很多孩子越长大,越不能让父母满意,越不成功,父母就越焦虑。

这时候孩子内在世界已经有了两个声音:我不行,努力也没什么用;我现在成功了,接下来还能成功吗?这些孩子的人生追求不到成功的时候,即使表面自负,内心也会对自己不认可,他的一生既不优秀也不成功,他这一生会幸福和美好吗?

优秀在做人层面

什么是优秀?优秀是指在做人层面上,不以结果为导向,也没有终点，只有不断止于至善。

人不应该一直都优秀，人应该越来越优秀，在什么阶段取得什么样的成功。在幼儿园阶段，玩耍；在小学阶段，感受；在中学阶段，立志；在大学阶段，挥斥方遒。

什么是优秀的人？优秀的人做事自信上进，有德有责；做人温暖有爱，心理阳光；人格完善，价值观正确。这样的人一定能够不断呈现出"做人好、能力强、才艺美、经验丰、有成果"的生命状态，并且优秀是永无止境的，人永远达不到最优秀，只能越来越优秀（见图5）。

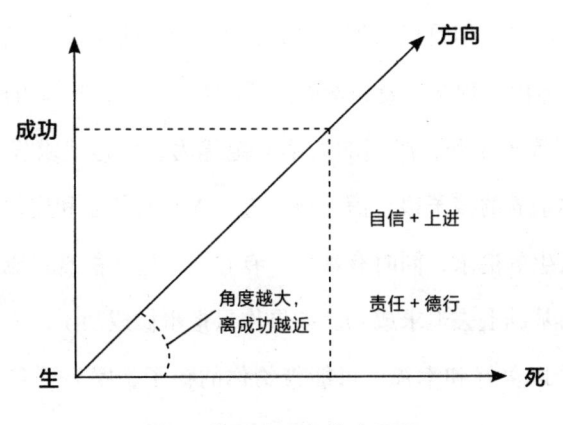

图 5　优秀表现在做人层面

如果一个人发自内心地自信和上进，他就容易把事情做成功。家长培养孩子的时候，要符合规律，关注其内在世界的自信和上进，孩子越自信，越上进，图5中的角度越大，成功的时间就相应越早。自信上进，做符合规律的事，成功才有意义。在这个基础之上，不做坏事，有德行，负责任。

人一定要活在当下，原点叫爱与幸福。因为，爱与被爱对人来讲最重要，并且人要以幸福为基点，所以，离了爱和幸福，成功没有意义。同时，人生还必须有方向，没有方向就没有这条越来越好的射线，没有了这个斜角，方向就是一个人的志向，没有志向的人会迷茫。很多成功的人没有志向，只有目标，名利权财是他们的目标。志向是成为什么样的人，理想是为了实现志向而去做的有意义的事。志向和理想都是利他的。例如："我要通过做救死扶伤的事成为高尚的医生，成为高尚的医生是我的志向，做救死扶伤的事是我的理想。"没有理想和志向，人是迷茫和痛苦的。

　　成功看心态，但是优秀不一样，优秀是无止境的，自信、上进、责任、德行、志向、理想、爱和幸福都可以无限大，人生才可期。

　　成功不等于优秀，成功的人不一定优秀，但是追求优秀一定会成功。如果你培养的孩子很自信、很上进，很有责任心和道德感，懂得爱和幸福是人生的追求，同时有理想、有志向，他才能真正成龙成凤。要在人优秀的基础上去追求成功。如果你只把事做成功了，人不优秀，可能你一生难以美好和幸福，可能带给你的孩子、家人更多的是痛苦和无奈。

　　分清成功和优秀是教育孩子的第一步，是教育孩子的方向。

追求优秀，成功一定会跟随你

　　优秀的人一定成功，而成功的人不一定优秀。并且，追求成功很难成功，追求优秀极易成功。

如何培养孩子成为优秀的人呢？让孩子拥有自律和志向，孩子就能慢慢成为优秀的人。但是很多家长已经把孩子培养成了追求成功的人了，该怎么办？

改变的道路很艰难，不能靠语言引导。追求成功的人的动力源是恐惧和欲望。要成功，怕不成功；而追求优秀的人的动力源是正确的价值观，相信世界，爱世界。这种转变是价值观和动力源的转变。

这就需要父母不再关注孩子努力的结果，而要关注孩子的生命状态和生命环境。同时，生命环境比生命状态更重要。

孩子的生命环境其实就是父母自己的生命状态。这需要父母通过生命成长，做到夫妻恩爱，能够反哺父母，能够热爱生活，能够奉献社会，能够追求生命的意义，让自己成为优秀的人。孩子喜爱你们，把你们当成榜样，他自然而然也就有了自律和志向。

小贴士：有的家长说他自己也不够正能量，怎么办？

第一步，把孩子放在一个正能量的环境当中，放到一群真正优秀的人当中，让他感受到这样的人才是真正幸福的，才是人生该有的样子。在这个过程中，他可能就想成为这样的人了。

第二步，在有人引导的过程当中，他必须直面内心的恐惧，这一部分需要专业的人来帮助孩子。

最后，请记住这句话：追求优秀，成功一定会尾随你！

善和好

认为自己好的人是一切家庭问题的罪魁祸首

在家庭中,认为自己好的那个人是一切家庭问题的罪魁祸首。大家仔细回想一下,家庭中是不是常常有这种话:

父母对孩子说:"你说我容易吗,我伺候你吃伺候你穿,我这么辛苦,你怎么不好好学习呢?你怎么不听我的话呢?"(我都好成这样了,你这孩子怎么这么不好?)

妻子对丈夫说:"我累了一天了,你回家还把家搞得这么乱?"(我作为你的妻子,好成这样了,你怎么那么不好?)

丈夫对妻子说:"我在外面那么辛苦地为这个家挣钱,压力那么大,你对我怎么还没有个好脸?你怎么一点都不温柔?"(我作为男人好成这样了,你这个女人怎么这么不好呢?)

孩子对父母说:"你们能不能看到我的好?你们能不能少唠叨点?"

第二章
优秀孩子｜有德有责自然香

（我这么好，你们怎么那么不好？）

认为自己好的那个人，往往会看到别人的不好。总能看到别人不好的人，又怎么会是好人？

觉得自己好的一方，责怪别人，是看不到自己的问题并成长的人。他可能在某件事情或者任何一件事情上不再成长了。

我把人分四种：

第一种，假好人。让别人说自己好，怕别人说自己不好，努力对亲近的人说你哪儿不好。这种人没有真正的自我，他在用别人的评价来定位自己的同时，希望亲近的人变好，而认为自己的存在有价值。我们把这种叫假好人。

第二种，真坏人。他们不假，不管是在外还是在家都当坏人。"我是什么样就是什么样，反正我没那么好，我是个真坏人。我到哪儿大家都不舒服。"假好人不危害社会，只是危害家人，但真坏人可能危害社会。

第三种，真好人。家人总是当着别人的面说你好，你有可能是个真好人，这是对一个人的最高评价。这个男人真像个男人，这个女人真像个女人，这个老师真像个老师，这个警察像个真警察。

第四种，假坏人。比如济公，不受戒律约束，看起来不是个正经和尚，用这种方法衬托出别人的好，同时他可以让坏人不作恶或者使坏人向善。他要用不太好的外在去感染更多人，让他们成为真好人。

好的标准是什么

太多人穷其一生都在追求一个"好"字。要更好，要最好。也会倾尽全力地培养孩子成为自己心中的好孩子。

那么好的标准是什么？

有人说：好的标准就是别人说我好，身边的人说我好，最亲近的人说我好，长辈们认为我好——可这不是标准，是别人对你的评价。

很多人的好的标准是从小被父母长辈根据自己的经验人为植入的，也就是别人说什么，自己就往什么方向走，这个标准是否符合规律不重要，重要的是能让别人说自己好。这样的人有了孩子，也会延续父辈对待他的方式，让孩子往这样的方向走。

更可怕的是，绝大部分人是没有标准的。如果你连个标准都没有，怎么能有资格评价自己和别人？

也有很多人在没有标准的情况下，仍然每天在"好"与"不好"中评价着。这叫没有标准的标准。没有标准的标准主要包含两种情况：

一是"我的感觉"和"我的心情"。此刻感觉你好，你就好；此刻感觉你不好，你就不好。心情好时，可以说你好；心情不好时，可以说你不好。

今天心情不好地回到家，看到儿子玩手机，就会发火："怎么又玩手机？"

今天心情好地回到家，看到儿子玩手机，会说："儿子，多玩一会儿，没事。"

和这样的人在一起，累不累，难不难？

二是通过别人的评价和眼光来判断。这样的人是活在别人的评价和眼光中的,他的标准就是别人怎么看我,别人的眼神、别人的评价非常重要。

以自己的感觉和心情为标准,是自我、爱无能的人;以别人的评价和眼光为标准,是没有自我、心不安的人。

请大家一起来读一读下面这三句话:

我在哪里?我好累,我不安,我是谁?我在哪里?

有感觉吗?以前我是一个很执着的人,以结果为导向,我活成了这个社会所谓的成功的人的样子,所以,在夜深人静、自己独处的时候,或者我像陀螺一样停不下来的时候,我也心疼过去的自己和过去跟我在一起的人。

这一句话是我写给自己的,此刻我看到这儿都很想流泪,为自己,为我爱的人,为爱我的人。

那我们到底要怎么做?

不要追求"好",要追求"善"

不要追求"好",要追求"善"。

"好"只是自己对自己的评价,别人对自己的评价,自己对别人的评价,别人对别人的评价。好只是一种评价,并不是真相。

"善",不是善良的善,也不是善恶的善,而是止于至善的善,是完善的善。不要关注"好",要关注自己的不足和不好的地方,不断地成长,让自己的生命趋于完善。人永远也完善不了,只能趋于完善(见图6)。

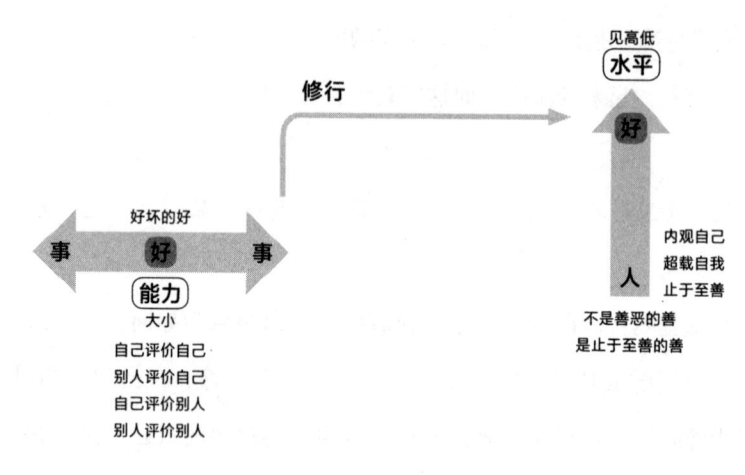

图6 善是一个过程,好是一个结果

善是一个过程,好是一个结果。善追求的是高度,好追求的是平面的宽度。好人,只能提高能力和经验;善人,可以不断完善自己,提升的是生命的力量,提升的是智慧和活着的水平,不只活在经验和能力上。让我们一起去做,从好到善吧!

这个世界上有很多算计的人、不好的人,也有很多好人。我希望真正的修行是从"好"到"善",从好人、善良的人走向能不断完善自我的人生境界。很多人最大的痛苦就是成了一个好人,却没成为不断完善自己的人。

如果你关注"善",你会发现自己每天都在成长,都有变化,都给自己和他人带来新鲜感，这样的人生将会多么美妙！人这一生不就是要活得越来越优秀、越来越光明吗？人怎么能一辈子都是一个模样呢？我听过一句话：有些人三十岁已经死了，八十岁才埋。因为他三十岁到八十岁都是一样，精神早就死亡了，只余一身臭皮囊。

你想不想让孩子走上不断完善自我的道路？如果孩子有了"善"的境界，好的地方会越来越多，不好的地方会越来越少。当一个人走上"善"的路，就活成了"真"，也就出现了"美"。真和美也是不断变化的过程。因为"善"是变化的，不同的"善"显示出不同的真和美。善是无限的，真和美也是无限的。当你的孩子走上社会，大家都发自内心地说他真好时，才是真正的好。

所以：

不要看孩子的好，也不要看孩子的坏，要看孩子的进步。

不要看爱人的好，也不要看爱人的坏，要看爱人的进步。

不要看自己的好，也不要看自己的坏，要看自己的进步，让别人感受到不一样的你。

什么样的人是真好人

《中庸》里面有一句话："执其两端，用其中于民。"是指（舜）能掌握好两个极端，对人民使用折中的办法。任何事物都有两端，如果只看到一端，说明你看不到整体的真相。好和坏是两端，上和下是两端，美和丑是两端，善和恶是两端。你只要认为自己好，就一定会看到别人的坏，因为好坏不会单独存在，它们是一个整体。

你看到别人的坏，别人就看不到你的好，所以人应该怎么做？觉得自己不好的人要多看看自己的好，这个人就会变好；觉得自己好的人多找找自己的坏，这个人也能变得越来越好。不会只有好没有坏或只有坏没有好。

认为自己好的人不一定是好人，认为自己坏的人也不应该妄自菲薄，因为再好的人都有缺点，再坏的人都有优点，都可以变好。这个世界没有完美的人。觉得自己好的人，他可能认为自己是完美的，就再也不成长了；觉得自己坏的人妄自菲薄，总拿自己跟别人比，觉得自己不如别人，就自卑了，那就没法活得真正开心和阳光。

因此，我们建议：一个总觉得自己不好的人，多找找自己的好，把自卑变成自信；一个总是看到自己好的人，也找找自己的坏，把自负变成自信。

那到底什么样的人是真好人呢？

《大学》里讲"大学之道，在明明德"，让自己成为一个有道德的人，最好能够发出光来照亮别人。"在亲民"，王阳明认为"亲民"就是热爱人民、亲近人。你要亲近人，得不断让别人看到你的心，看到你的成长，让人发自内心地喜欢和认同你。"亲民"的另一说是"新民"，朱熹认为"新民"是吐故纳新，把自己身上不好的东西、旧的东西褪去，把新的东西、好的东西拿来。"在止于至善"，止就是目标，人活着的目标就停在那儿、定在那儿，人活着就应该不断完善自我，不断遇到越来越好的自我。

我给女儿取名字郑好，其实就是告诉她，正好不是中间，正好是中国人追求止于至善的最高境界，因为正好才是真好。人这一辈子只需要做一件事：**越来越好。越来越好的人就是真好人。**

越来越好指的是内在，而不是外在附着更多的知识、技能和名利。现在很多人说终身学习，是在追求外在的知识经验甚至名利权财。他在用外在的很多好来证明他越来越好，这是错的。越来越好是他内在的生命精神价值，内在越来越好才是真的越来越好。通过外在的努力获得的所谓的名声、钱财、知识、博学，都不是一个人真正的越来越好，那是他穿了更多的铠甲，贴了更多的面具而已。

如果你想让孩子改正缺点和错误，只有一个办法：让他喜欢你，让他信任你。怎么才能让他喜欢你和信任你呢？只有一条路：不要认为自己好，不要认为别人坏，让自己走上越来越好的、不断完善自己的人生道路，他一定会喜欢、信任这样的你，他也一定会走上越来越好、止于至善的人生道路。

美好和漂亮

美好和漂亮的区别

如果有人由衷地说:"你很漂亮!"你可能会很心喜。

如果有人真诚地说:"你很美好!"你可能会心生暖意。

我们去浏览大自然的风光和去一个特别漂亮的人造公园游玩,感觉会不一样。我们走进沙漠戈壁,走到雪山上,走到草原里,看到美景的时候,会发自内心地说:"哇,好美啊!"而去逛公园,看到被人工修剪得特别齐整的园艺,我们则会说:"哎呀,好漂亮啊!"

漂亮和美好给人的感觉不一样,对吗?究竟哪儿不一样呢?

"美"为"甘也"。"甘"就是一种心旷神怡的感觉。

那"漂"是什么意思呢?漂者,浮也,"漂亮"就是浮在表面的、吸引人眼球的、让人眼睛一亮的东西。

"漂亮"是一种外在的感觉,多是人为的。光鲜的形象、职业中的重要岗位、印在名片上的社会头衔、装饰自己的服装,以及一切能显示自己与众不同的外在于人的东西,都是漂亮的。我们需要漂亮,漂亮能满足我们的虚荣心,能让我们获得自我心理安慰。然而,也许正是这些漂亮让我们远离了初心。**我们与别人有了心理距离,我们自己与人群隔离了还浑然不知。最终,漂亮成为我们追求的目标,也让我们彻底失去了自我。**

"美好"是我们感知到的一种由内到外给人舒服的感觉,是一种自然而然产生的感觉。美好来源于人的内心世界,是由内而外的真情流露,是对别人的关心、支持、帮助、诚实和善良。把真诚、力量、善良、爱融入我们的语言中,我们的语言就是美好的;融入我们的行为中,我们的行为就是美好的。

小贴士:
所有美好的东西都跟"真"字相关,漂亮不一定真。
漂亮是人为的居多,就会把人放在第一位;
美好是属于自然的,就把天地自然放在了第一位。
漂亮的往往跟物质相关;
美好的往往跟精神相关。
漂亮的,往往是外在的;
美好的,往往是内在的。

美好的东西不会依附于自私

如果优美的语言没有让人感到美好,那是因为语言不是出自真心的，只能成为漂亮话；如果帮助与支持没有附着真诚与善良，就一定会被别人感知为假模假样。自己认为的真心诚意没有被别人接受，自己认为的精彩努力没有被别人认可，也许就是因为做得"漂亮"，所有这些"漂亮"在当时就是功利的、有私心的，别人自然不能感知到"美好"。

美好的东西不会依附于"自私"。想要美好生活就要不断看见自己的自私，直面自己的自私，不断减少自己的自私，用一生的时间去无限接近无私，这就是修行。一切美好的东西：爱、信念、格局、情怀、理想、理解、尊重、奉献、感恩……都不会依附于自私的人身上，人越无私越美好，越自私越远离美好。

大家可以扪心自问：我自私吗？回想一下在家庭生活中，你是不是经常指责爱人教育孩子的方式不对？指责对方不爱做家务？指责对方忙了半天做的一桌饭菜不好吃？指责孩子学习状态不好？……你总是以自我为中心开始指责、批评或者抱怨，却从来没想过，自己做好了吗？自己是好的父母吗？自己是好的爱人吗？自己都给了他人什么样的关爱？

从现在开始，学会感恩，感谢爱人为家庭的付出：当自己忙于工作，无暇顾及家庭的时候，是爱人挑起了家庭的一切责任。看到孩子的努力：孩子在学习上遇到困难的时候，自己没有及时提供帮助，而他为了不辜负父母的期望，一直在努力改变自己。

自私是一种恶。美好生活践行的第一步，就是要不断看到自己的"恶"，这些恶藏在你的起心动念中，藏在你的习性中，藏在你的生活细节处，时不时地冒出来影响你的行为和语言，造成偏差，让你回不到生命最本真的模样。人性是本善的，为什么会有"恶"出现？因为我们会有意念，心之所发谓之意。人会有很多思考和念头，这些思考和念头可能违背本性，而使其不"真"。所以我们先从意念中分出善恶，让"恶"停掉，意变诚，心与良知统一起来，人就美好了，生活就美好了。

在美好的基础上漂亮

外在漂亮的东西有一个特点，就是极易让人审美疲劳。人拥有这样的东西越多，就越想换更漂亮的东西。比如，你买新车时，车子很漂亮，大家也都觉得你的车子很漂亮，你很高兴。可是，开了一段时间之后，你可能就想换一辆新车。

而美好的东西，不容易让人审美疲劳，你越拥有它，越热爱它。例如：琉璃比玉漂亮吧，玉却比琉璃值钱，因为玉是真的，琉璃是人造的。

美好的东西是可以打动人心的；漂亮的东西，很可能是玩物。

我们说男孩穷养，女孩富养，这个富养是心理的富养、精神的富养，并不是物质的富养。如果养女儿靠的是物质堆叠，她可能会变得非常漂亮，也可能成为别人的玩物，因为她并不具备内在的吸引力。

美好的感觉一定是让自己发自内心地、由里而外地舒服的过程。在自己很舒服的状态下，给别人也带来舒服的感觉。这样的你是具备吸引力和影响力的，你会把周围人的不舒服化解掉，最终，你会成为别人的朋友、知音、老师，甚至导师。

美好的人和物，大家都愿意接近；漂亮的人和物，往往会拒人于千里之外。如果一个女孩只漂亮不美好的话，你会发现很多人都不愿意跟她接近；但如果一个人非常美好，大家都愿意跟他接近。

人可以美好不漂亮。对于男孩来讲，要有阳刚之气，但不要追求外表所谓的帅，内在才是最重要的。美好而不漂亮的人是具有吸引力的；漂亮而不美好的人，要么让自己痛苦，要么让别人痛苦。

当然也有不追求美好、不追求漂亮的人，这样的人实质上就是在混日子，活得浑浑噩噩，没有意义。

我们要在美好的基础上漂亮，这需要后天的修行，只有修到很高的境界才能达到，这叫"损有余而补不足"。天生既美好又漂亮的人很少，老天特别公平，给你一个长处，就会给你一个短处。它不会什么都给你好的，也不会什么都给你坏的。任何一件事都有好的一面和坏的一面，而人没有好，没有坏，只有成长，只有顺天道。

大家在追求美好生活的过程当中，千万要明晰自己的方向是否正确，有没有偏离成追求漂亮的生活。这点非常重要。

看看我们周围有没有这样的人？把家里布置得非常漂亮，可家庭生活不美好，家庭成员的关系一团糟，这样的人内心往往是没有家的，他为了让自己心中有家，就把房子布置得很漂亮。如果你家庭生活得非常美好，房子漂不漂亮对你而言其实已经不重要了。

精神富足的人才美好，空虚的人更追求漂亮。其实，美好不需要追求，只需要返璞归真，因为你本来就美好。

爱与幸福的课堂上有很多视频作品，作品本身的呈现并没有多漂亮，但是内容很打动人心，很美好。因为所有的素材都是基于真实的，它无法事先进行人为的安排，就是在那一刻当事人呈现出的最真实的状态。

试想，如果没有这些内在的真实的"魂"，只是追求如何把作品制作包装得更漂亮，是打动不了人心的。在用心的基础上，做出自己的味道，再去考虑漂亮，就能把美好和漂亮结合在一起，这样的东西才能永久流传。

勤奋和努力

勤奋和努力有本质上的不同

"勤奋"和"努力"这两个词,有区别吗?

从词义的角度来看,这两个词是近义词,常会放在同一语境中使用,还时常被相互替代使用,似乎区别不大。

从外在表现来看,一个努力的人和一个勤奋的人,似乎也很像。

可从内在世界来看,这两个词有本质上的不同!

不同在哪儿?

我们要提到两种昆虫:苍蝇和蜜蜂。它俩外形个头很像,发出的声音也很像,又都是一日不辍地在劳动。只是一个很努力,每天闹嗡嗡的,让人烦;一个很勤奋,每天唱嗡嗡的,让人喜爱。一个收获的是臭烘烘的东西,一个收获的是甜蜜蜜的东西。努力的人就像苍蝇一样,勤奋的人就像蜜蜂一样,收获着不同的人生。

为什么这么说?大家闭上眼睛感受一下,努力是不是在由外而内地使劲？努力的人内在往往伴随着压力，伴随着焦虑，伴随着欲望（要），伴随着恐惧（怕）。而勤奋的人，表面上看起来和努力的人状态一样，可是内在世界是喜悦的、温暖的，他们做事呈现出一种由内而外生发出的力量之感，和使劲不同。使劲的人往往没有力量，有力量的人不会一直使劲，只会偶尔使劲。

努力是以结果为导向的，是想达到目标又怕达到不了，于是外在的目标引导你去使劲达到目标的一个过程。这会导致两种心态：第一种，我一定要达到目标，但是又怕达不到，所以很焦虑、压力很大；第二种，达到了目标，那一瞬间会很爽，但接下来又会害怕失去，或者又想要更好的。

努力的时候，人是工具，只关注结果，把自己物化了，跟物质相关联。

而勤奋是由内而外、开心愉悦地去完成一个目标。内动力是爱，是相信，跟生活的意义、生命的意义相关联。

可以说，努力是有压力的勤奋，勤奋是开开心心的努力。

因此，你选择成为一个努力的人，还是成为一个勤奋的人，决定了你要过怎样的人生（见图7）。

努力的人，内心充满了"要"和"怕"，要么自己很痛苦，要么让身边人很痛苦，过着痛苦的人生。

勤奋的人，内心充满了"爱"和"信"，自己很喜悦，也会让身边人喜悦，过着喜悦的人生。

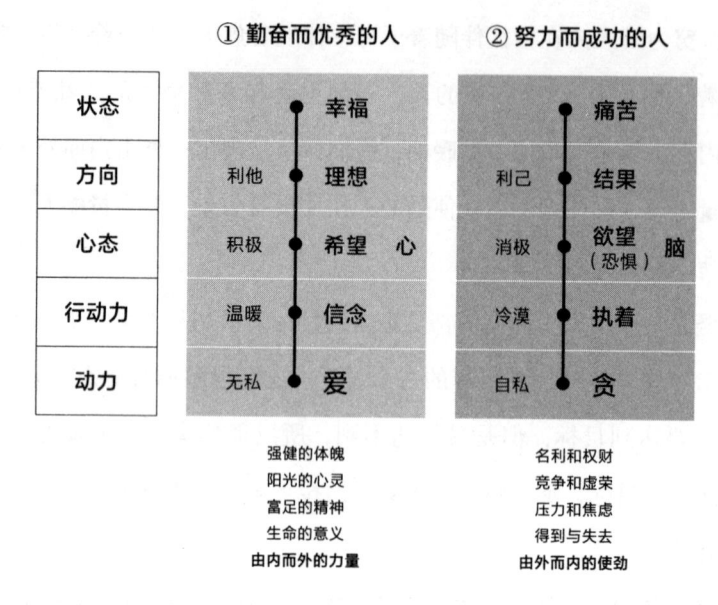

	① 勤奋而优秀的人	② 努力而成功的人
状态	幸福	痛苦
方向	利他　理想	利己　结果
心态	积极　希望　心	消极　欲望（恐惧）脑
行动力	温暖　信念	冷漠　执着
动力	无私　爱	自私　贪

① 强健的体魄／阳光的心灵／富足的精神／生命的意义／由内而外的力量

② 名利和权财／竞争和虚荣／压力和焦虑／得到与失去／由外而内的使劲

图 7　努力的人和勤奋的人

努力是"怕"和"要"

在中国，努力是一种主流文化，这个词往往会伴随我们一生。我们常听的名言是"少壮不努力，老大徒伤悲"。很多人一生都很努力，不知道勤奋的感觉。很多人一直在努力，但是不知道为什么努力。

其实，每一个人刚降生到这个世界上，都是勤奋的。你看，婴孩在成长为儿童或者少年的过程中，是不是对这个世界充满了好奇和期待？他总是迫不及待地想要探索这个世界：

他的眼睛不停地张望。

他会问："妈妈，这是什么？那是什么？"

他会不断地做新的尝试："妈妈，我要玩这个，我要玩那个。"

他会对每一个新事物都乐此不疲，直到探索累了，才闭上眼睛呼呼大睡。

更重要的是，他并不知道自己的人生该怎么走，更不会不顾一切地向着定好的目标奔跑，他只是勤奋地探索着……

渐渐地，随着年龄的增长，我们把很多的"要"和"怕"萦绕在他的周围，这张"白纸"一步一步被涂上了功利的色彩，于是，他停止了对这个世界有趣又勤奋的探索，他开始以结果为导向去努力，同时失去了做事的开心、价值和意义，他的目光变得短浅。

当努力达到了目标和结果时，他会有短暂的快感，然后为下一个目标和结果继续充满压力、焦虑或恐惧地去努力，他可能会成功，却并不一定能幸福，看似勤奋，却没活在当下，身快心也快。

当努力达不到目标和结果时，他会陷入问题中，可能会深深地自责、不认可自己，进而失去自信；可能会放弃努力，变得无所谓，混一天是一天。

其实，他并不是不想努力，每个孩子都曾经非常努力，只是很多孩子努力错了，他们被功利掩盖住了曾经拥有的喜悦的勤奋，而且没人告诉他努力和勤奋有什么不同，该怎么找回勤奋的感觉！

勤奋是"爱"和"信"

我在 30 岁之前，就处于很努力也很成功的状态。小学时，父母老师告诉我："好好学习，考 100 分，考了 100 分，谁都喜欢你。"于是我拼命学习。父母老师告诉我"考到 100 分"这个结果很重要，却没告诉我追求结果的过程是需要开心快乐的，所以，我特别害怕自己考不到 100 分，特别害怕自己考不过别人，总想着我要是考不到 100 分，考不过别人，父母会不会不喜欢我？同学会不会看不起我？老师会不会批评我？我就在这样有压力、很焦虑的状态下努力着，我很庆幸自己考了 100 分，高兴得不得了。可是还没高兴两天，老师问我："考 100 分很好，那你能不能当个班长？"我的高兴没了，我有了第二个目标——当班长，于是我又开始焦虑地努力，第二年当上了班长。老师又说："你都这么好了，你不努力当个大队长吗？"这是我活了这么多年唯一的遗憾，我拿出吃奶的劲也没被选上，我带着无限遗憾进入中学，同时，也形成了这样的价值观：当下累点苦点没什么，追求到我的人生目标就会幸福。我就这么努力到了 30 岁，我很成功。老师很喜欢我，父母以我为骄傲，同学们羡慕我，谁都觉得我过得很好，但是我从未心安过，从未为自己活过，因为我在为目标活。

当有一天，我机缘巧合被借调到教育部做大学生就业工作时，我萌生了开家庭教育的公司，通过教育来成就自己商业王国的想法，结果没想到，我被"教育"教育了。我发现我虽然已经很成功，却是个很有问题的人；我发现我人生大量的时间在压力和焦虑中度过，享受着些许的快感，并且，我得到了也不会珍惜，更不会觉得有意义，因为新的目标马上就会到来。如果我不做改变，直到死的那一天，我也会在永无止境的追逐中，因达不到最重要的人生目标而"死不瞑目"。我的人生难道就是这样的吗？

于是，我花大量的时间看哲学书，看教育类的书，我希望我未来的人生是时时刻刻都美好、开心、喜悦、积极向上的。于是，我用了七八年的时间去成长，不再以目标、结果为导向，而是充满爱，满怀希望，树立理想，坚定信念去行动，我依然可以成功，却有着良好的心态和人际关系。很多人说现在的我也很努力，其实我是勤奋。无论前一天睡得多晚，我每天依然起得非常早，起来后，我会看书写文章，如果碰到出差，工作量比较大，我常常到凌晨才睡觉，第二天雷打不动地早起。我的助手，包括很多跟我一起出差的老师，都跟不上我的节奏，他们累得不行。他们说好累好苦，但是我并不觉得累和苦，因为我体会过努力的人生，我现在也体会到了勤奋的人生。

勤奋是活在喜悦而有力量的感觉中的，看似在努力，实际上是有方向却不执着于结果，轻松快乐地前行。在勤奋中，我们既幸福又成功，身快心慢。

一个勤奋的人是不会停下来的，他的自律是自然而然形成的一种状态，没有任何强迫。就像太阳一样，每天周而复始地在自己的轨道上运动着，一刻也不停歇，却又是放松和喜悦的。一个人应该在勤奋的基础上偶尔努力，或者在勤奋的基础上，遇到事情时努力一把，遇到困难和问题时努力一下。

从努力到勤奋，就是从"要"和"怕"的痛苦人生到"爱"和"信"的喜悦人生！

小贴士：
1. 成绩不好的孩子，也是因为努力过头了吗？
成绩不好的原因可能不是努力过头了，而是努力总得不到认同，或

者努力过却总达不到结果。这在心理学里叫作"习得性无助"。孩子不断地努力，却总是达不到结果的时候，内心就对自己产生了不认同。很多人说那他努力达不到结果，能怪谁啊？怪在儿童期没有人给他鼓励。

2. 孩子挺勤奋，但是成绩忽高忽低，这是什么原因？

孩子是努力，而不是勤奋。成绩忽高忽低，是因为他心态忽高忽低，孩子是在"努力能不能达到结果"的心态上纠结。

3. 孩子成绩下滑，应该怎样培养他把努力化为勤奋？

孩子成绩下滑，应该帮他查缺补漏，反思总结，把成绩提上去，而不是一味要求他自己提升成绩。

理想和目标

目标不是理想

人这一辈子唯一不能缺少的东西是方向感，一旦缺少方向感，要么活在迷茫、黑暗之中，要么停滞在原地打转。能给人的内在世界提供方向的东西有两个，一个叫理想，一个叫目标。

什么是理想，什么是目标呢？

每个孩子好像都曾被父母或学校的老师问过一个问题："你的理想是什么？"孩子们会说：我想成为医生，我想成为老师，我想成为科学家……

其实这不叫理想，这只是一个职业，一个目标。

我们拿医生举例子来说说什么是理想，什么是目标。

一个人到底为什么当医生？是由内在动机决定的。

如果成为医生是为了"救死扶伤"，那就是理想；如果成为医生是为了有更好的社会地位、更多的钱财，那是目标。

目标不是理想，理想是利他的。

想要救死扶伤的孩子，想通过医生这个职业，获得内在精神世界想得到的一种价值，获得高尚的人格。这是为他人，是爱。

为了名利权财的孩子，做医生是为了自己的欲望。他想通过做医生挣钱，进而可以吃喝玩乐。这就是为自己，是欲望。

救死扶伤的医生，好好给人治病，在这个过程中他有了一些收获和成果，例如：拿到了荣誉证书，拿到了工资奖金，当上了主治医师或者院长。当了院长之后，他就有更大的能量去帮助别人。这是一个正向的循环。

为了名利权财去做医生的孩子，走上了欲望之路，虽然能享受生活，但是人生毫无意义。

理想只能无限接近，却可能永远达不到。因为理想是人一生的追求，目标则是达到理想或者目的的一个手段。比如，救死扶伤是你的理想，你不可能做一次救死扶伤的事，就觉得理想完成了，你肯定是一生都在做这件事。而成为医生就是实现救死扶伤的理想必须达到的目标。考上医学院，或者几年内达到医术精湛的程度，这些都是手段。目标是为理想服务的。

人的四种类型

按照理想和目标的状态，可以把人分为四类。

第一类，有目标无理想的功利主义者。

这类人有目标，方向明确，以结果为导向，但是这个目标并不为理想服务。这类人本质上是功利主义者，可能因为有坚定的目标和强大的行动力，通过不断地奋斗拥有很多的物质财富和最高的社会地位，但他们可能一生都不懂得什么是心灵的安宁和精神的富足。如果从文化和文明的角度来说，他们在虚度人生。但这样的生活成了很多人的理想生活，这样的人成了很多人的榜样。

第二类，有理想无目标的空想主义者。

这类人有理想，却没有以目标为中心一个一个地去完成，让自己朝着理想前进，我们称之为空想主义者。我们常说："理想可以不实现，但是不能不努力。"理想指引着方向，目标让人特别努力，没理想就没方向，没有目标就不会努力，社会上有很多人只会空想却没有行动。

第三类，无理想无目标的混吃等死者。

这类人在当代比比皆是。随着物质生活改善，社会上出现了生活非常富足的家庭，这些家庭的人可能物质条件很好，却没有理想，也没有目标，除了工作上学，就是吃喝玩乐。很多人到了四十岁仍是这样的状态，可怕的是现在很多孩子也是这样的状态，无理想、无目标、无聊、无力地活着，这种人的状态说得重一些，叫混吃等死，叫躺平。

第四类，有理想有目标的光明者。

这类人一生都有理想，并不断有目标，目标为理想服务，既努力，精神又富足，生命也丰盈。因为理想关注的是一个人做人的水平和智慧，目标关注的是一个人做事的能力和经验。当一个人既有理想又有目标时，他除了有水平和智慧外，也有能力和经验，更重要的是他的精神世界是健康、阳光、喜悦、充实并充满力量的。

我在十几岁到三十岁之间，就曾是一个有目标无理想的人。我看似活在夸奖中，活在努力中，活在一个个目标的达成中，活在父母老师的骄傲、同学的羡慕中，但是真的很不幸福，也让我身边的人不开心不快乐。三十岁之后，我进入了教育行业，才发现我的人生是有问题的。

由于教育的核心围绕着"成功"二字，太多的孩子和成人被培养成了以结果为导向的状态，他们的人生只为追求结果，从哲学层面上讲这样的人被物化了，因为他们成了完成老师、父母、社会所定目标的工具或者物品，而不是一个真正的人。

如果达到了结果，那他就是成功的人。

如果达不到结果，还想达到结果，那他就是无力的人。

如果达不到结果，也不想达到了，那他就成了无聊的人。每天刷着手机，让他努力他也不努力了，凑合着过一天是一天。

有多少人是无力和无聊的呢？那些成功的人，取得了一定程度的成功，他们还会想更成功，怕自己不再成功，老师父母也会期待他们更成功。成功无止境。

成功后，又会出现几种如下状态的人：

第一种人总能达到目标，最终走到了功利状态，往往比较自负，总认为自己是对的。

第二种人走在追求成功的道路上，却心态不好，情绪化，想赢怕输，他们可能很成功，但是心不安。

第三种人在成功后觉得要对自己好一点，就买名车豪宅，用虚荣来显示自己。

第四种人在成功后不想再持续成功，或退休，或停滞，走上了所谓的享受人生的路，其实就是混吃等死。

第五种人在成功后觉得生活没意思，麻木孤单，消极封闭。

第六种人在成功后反而很痛苦，又不知道怎么办，就会变得抑郁狂躁、自残厌世。

这是因为他们从来不去想"为什么活着"这个问题，或者用瞎想来自欺欺人。如果不早早进行教育和调整，很多人就会一路走到黑。孩子们如果能在青春期感受到美好、爱和理想的话，他们就不会让自己的一生在这种无意义的过程中虚度，他们这一生才会有意义。

很多人根本没有这样的人生感受，所以想象不到，也体会不到，只能随波逐流，走在无明的路上而不自知。

只有目标没有理想怎么办？感受真爱。

没有理想没有目标怎么办？正向刺激。

只有理想没有目标怎么办？掌握命运。

怎样才能真正地掌握命运？有德有责。

小贴士：

有些家长问，他自己都没有理想地过了这几十年，怎么教育孩子有理想呢？

你在教育孩子的时候说："我希望你以后当医生，医生工作稳定，受人尊重，挣钱多。"你传达的就是一个自私的能量场。

你在教育孩子的时候说："医生能解救别人的痛苦，让人过得有意义。"你传达的就是一个无私的能量场。

孩子其实喜欢真实的父母，你的真实可以打动孩子。你可以告诉孩子："妈妈本来不是追求理想和志向的人，从小到大，我也追求到了名利权财，在吃喝玩乐中走了四五十年，受伤很重。妈妈可能这一生无法拥有那种美妙的人生了，但是妈妈会努力，让你走入美妙美好的人生。"

短期内即使没有理想也要有目标

有个初三的孩子问我，他每天都努力学习，成绩在年级排名中上，可是没有什么学习目标，如果以这样的状态持续下去，中考完会不会后悔？

对学习热情度不高，但是愿意努力，说明不得不学。学习的理由可能如下：爱父母，为父母而学；在学校里，大家都学，我也得学。

首先，我并不知道他会不会后悔。他没有目标，至少也该有一个标准，比如要考第几名、上哪所学校。这些都没有的话，只能等中考完，看他对自己满不满意，才知道后不后悔。

其次，没目标就没有真正的动力。他如果只是为了父母而学，只是在学校不得不学，学习不是他自己特别想走的路，那在走的过程中，他就容易被未来发生的某件事情影响。例如：有一次考试没考好，父母给了压力，他和父母产生了对抗；或者与同学发生了口角，让他很伤心，心里过不去这个坎；或者老师没给他特别好的感受，让他很烦躁；或者他被喜欢的女孩打击了……这都有可能让他的努力程度下降。又或者他被喜欢的女孩鼓励了，他可能会更加努力。

他对未来发生的一切事情都没有主动权，没有主动掌握自己命运的能力，就只能"脚踏西瓜皮，滑到哪儿算哪儿"，被未知的事情牵着走。

如果他有自己的目标，朝着目标的方向走，遇到困难突破困难，遇到问题解决问题，他就不容易被影响。

其实，他怕后悔的原因是内在没有特别想要的东西，内心并不坚定，不能掌握自己的命运，容易被未来不确定因素左右。

中考即使平稳过去，他还有高考，还要读大学、找工作，还有恋爱结婚的事，他如果都没有动力，那他这一生指不定会遇到什么样的人和事，指不定会发生什么。

我们常说：一个老人没有理想，就是等死状态；一个中年人没有理想，就是空虚状态；一个孩子没有理想，就是不正常状态。人虽然可以短期内没有志向和理想，先用目标来确定自己的行动方向，可还是要通过不断地提升自己的生命状态，让自己的生活充满热情和动力，通过"交高人、读好书、长见识"的方式，让自己与有正能量的人在一起，找到自己的榜样，最终生发出自己的理想和志向，才能走上正道，并真正过好自己的人生。

自信和自负

自负是只相信"自己"

很多人认为,相信自己,把一件事做成,做得比别人强,就会产生自信。

其实,我们绝大部分人认为的自信是自负,但是自负的人认为自己是自信的。

我曾经以为自己是个特别自信的人。我在学习、工作的各个阶段,都努力成为当时那个环境中最好的一个,我也做到了。我获得了很多成果:保送上大学,找到好工作,挣钱买了车和房子。我抱着这些成果告诉别人我很行,大家也都说我很行。

我特别相信自己,显得很自信,但我不明白为什么我在内心充满斗志的同时,也充满着压力。斗志让我很激昂又紧张,压力让我活得很紧绷,一点都不轻松。我现在知道了,那其实是自负,因为我只相信"自己"。

后来我的想法转变了。因为我过得很痛苦,别人认同的是我的成果,并不一定认同我这个人。我开始思考什么叫自负,什么叫自信。

我意识到,世界上有很多比我强的人。于是,我把自己的想法放到一边,相信那些先哲圣人说的话,按照他们的想法去践行。在这个过程中我发现,我只要按照他们说的去做,往往比我自己的想法更好。

践行了四五年之后,我慢慢相信了他们说的话,相信了这个世界上有不以人的意志为转移的规律存在。我开始不断探索这种规律和真理,按照这些优秀的先哲圣人传授给我们的智慧、规律去践行,我发现自己的能力越来越强,得到的越来越多,我的内心也越来越舒服。我找到了另外一种自信的感觉,这种自信没有压力,没有焦虑,没有紧张,没有恐惧,比我曾经相信自己特别努力得到了很多成果的那个感觉要好得多,同时,我比原来得到的更多了。

慢慢地,我明白了,当一个人只相信自己而不相信规律的时候,他可能就是自负的。他觉得这个世界上只有自己的想法是正确的,只有自己的分析是正确的,只有自己践行之后得到的经验是正确的,他就活在了自我意识中。他得到了很多,但是没得到的可能更多。

小贴士:

先哲之间的话也有互相对立的,怎么办?

第一,爬山的路,有无数条。你得朝着一条爬,爬到山顶,才能看到最美的风景。就怕你这里爬了一下,那里爬了两下,又跳到另外一条路上爬几下……爬了一辈子,也没看到山顶的风光。

第二,其实,这些话没有对错,只有时机。

读书是为了寻求真理，真理是变化的。

比如，人要不要谦让？

一个孩子掉水里了，你会救生术却特别谦让，不去救，行吗？

该谦让的时候得谦让。你不会救生术，人家会，那就让别人去。

你不会还当仁不让去救孩子，可能你和孩子都会溺水身亡。

真正的规律和智慧是在时机恰当的那一刻做出的最好的决定。

比如，是以德报怨，还是以怨报德？以德报怨和以怨报德都是对的，也都是错的。面对一个坏人，如果用以德抱怨能让他变好，你就以德抱怨；用以怨报德能让他变好，你就以怨报德。根据你所在的时机和环境来做出你最具智慧的决定和行为就行。

自负并不是自信，而是自卑的真正表现

自负的人有什么表现？

自负的人希望别人说他行，他也通过努力做事来表现自己很行，别人说他不行的时候，他要据理力争，告诉别人他很行。他想让别人认可他。

自负的人还喜欢控制别人、要求别人、说服别人，希望别人听他的。

自负的人不相信别人，不相信规律，只相信自己。他把自己放在了规律的对立面。他生活得并不幸福，并不快乐，甚至他生活得没有感受和感觉，像一部高速运转的机器一样，安静不下来。他只要静下来就慌张，必须工作着、劳累着，才能够心安。这都源于他的内心并不强大，

只是努力获得了更多成果而已。他认为努力获得更多的成果，就会变得更好。

试想，一个努力更好的人，内心深处的想法是不是他认为自己不够好，他不认可自己？这是不是自卑的表现？他怕别人说自己不好，怕得不到第一名，怕失败，怕拥有不了让人羡慕的社会地位。所以他要努力变得特别好，这样才能让别人认为他好。他把这些"怕"隐藏起来，表现出来的是极致的"要"。他努力"要"，就是为了掩盖这些"怕"。可潜意识中，这些"怕"会一直控制着他，让他情绪化，甚至疯狂。

当他努力也达不到目标的时候，他会因为极度否定自己而变得情绪化，伪装自己，告诉别人都是别人的问题，不是自己的问题。这样的人，往往会冲着最亲近的人发脾气。但是最亲近的人不一定能完全听他的，不一定完全受他的控制，他的情绪就会被点爆，会失控，最终这样的人要么让自己痛苦，要么让身边人痛苦。

学习特别好的孩子就有可能是这一类人，他们害怕成绩不好，他们努力变得更好，他们把自己不好的一面藏起来，只把好的一面表现出来。他们未来可能会成为所谓的精英，可这些精英的苦只有在自己失败的时候、在夜深人静的时候、在面对自己真正情感的时候才会集中爆发出来。他们常常失眠，可第二天依然像斗士一样去努力。

这就是自负的人的表现。**自负的背后是深深的自卑。**

而生活在父母一方或者双方很成功、很自负的家庭里的孩子，心里可能会有一种感觉：爸爸特别能干，妈妈特别厉害，如果我不像他们一样，他们可能就不爱我；如果我不像他们那样努力，达到他们的期待，他们可能就会抛弃我。这样的孩子通常怕犯错，一直努力着不敢有丝毫的放松，一旦达不到想要的结果时，他的内心就有可能因无法承受而崩溃。很多自残自杀的孩子，就是曾经特别努力、得到过特别多夸奖的孩子。

自信是不卑不亢的一种内在感受

如果你没把孩子教育好，可能是你太自负了，可能是你太相信自己的想法了，可能是你太相信自己所谓的成功经验了，而这些想法和经验就一定是正确的吗？是符合规律的吗？

不一定。一般自负的人会在"我认为""我觉得""我想"中执着，他的"我认为"是他在成长过程中，在他所接触的社会环境和家庭环境中，形成的一套看似很有逻辑很有道理的体系，他一直用这套体系指引着自己的生活，获得了一些成果，所以他认为这是对的。当他认为对的时候，当他按照自己的想法想怎样就怎样的时候，麻烦就来了。因为他再也不会思考自己认为的是不是正确，是不是符合规律；再也不会与掌握规律的先贤们比较一下，而是自以为是地行动。我们常常听到一些成功人士说：我在外面可以管理几百号人，他们都听我的，都觉得我好，可回到家老婆孩子就是不听我的，我真的想不明白。这可能就是他在家庭中不懂规律，只相信自己造成的。

什么是真正的自信？我的体验是，当我不"相信自己"的时候，我就变得自信了。

因为这份自信来自"道认为"，来自按规律去行动。当你真正按照规律、按道去思考、去觉得、去想、去行事的时候，往往你就自信了。

自信是一个人扔掉自己、相信规律的过程，是一个人抛弃自我、相信无我的过程，是一个人拥有爱、拥有相信的力量，跟规律在一起，悟道的过程。

真正自信的人，是跟规律在一起的人，是跟智慧在一起的人，这样的人不自我，不自负，不那么自以为是。

自以为是的人往往认为自己是自信的人，而真正自信的人绝不会自以为是。

自信就是不卑不亢的一种内在感受。亢，会让我们看不起别人；卑，会让我们被别人看不起。所以自信是我们扔掉卑和亢之后所散发出来的人的内在对文化的皈依，对文明的皈依，对规律的拥抱。

想要扔掉自己的那些想法，太难了，这相当于完全推翻自己，这也是自负的人难以改变的原因之一。可是如果你走上了这条路，你就会变得无比强大，无比优秀，而不仅仅是成功。如果你还能引领着孩子一起走上这条路，那孩子会真好，真优秀。

真实和任性

真实 ≠ 任性

常听人说:"我这个人生性直爽,心直口快,真实过头,所以说话容易得罪人,没什么朋友。"

这样的话语背后其实隐含着无奈与委屈:说真话,难道错了吗?人就不能真实地活着,非要披上一件虚假的外衣才行吗?

社会上这类人还不少,他们的无奈体现在以下三个方面。

第一,茫然:不知道怎么做才能既不违背初心,又不得罪人。

第二,纠结:在真实和虚假中跳跃,活得既不是自己喜爱的样子,也不是别人喜爱的样子。

第三,压抑:当伤人伤己后,选择压抑感受或远离人群,成为孤岛,来保护自己和别人。

这都是因为我们对"什么是真实"有着不正确的解读造成的。当你不知道什么是真实时,你可能就会走向"任性"。当你不知道真实和任性的区别时，就会出现以上三种情况。

那么什么是真实，什么是任性？

真实，是客观的，是不虚假的，是真心实意的，是明确清楚的真相境界；是洒脱、放下、成就他人、有原则、有力量的代名词。

任性，是由着自己的性子、想法行事，执拗使性子，无所顾忌。它可能是不成熟的代名词，可能是只在乎自己的代名词，可能是不敢承担责任的代名词。一直任性的人，要么自卑，要么自负，充满着占有和索取的自我行为。

真正的真实是充满力量的，真实的核心是敢于直面真实的自己。

但很多人都错把"情绪当真实"。

任性，只会让你的生活充满痛苦和不顺，让你生活在负能量场中，怎么可能有如意的人生！

案例：

这是家庭生活中相当常见的一个场景：丈夫在工作中遭受了挫折，心情不好，回到家黑着脸一言不发，妻子对丈夫说："我不喜欢你在家黑着张脸，我感觉很压抑。"丈夫听到后更不开心，心想我在外边已经累死累活，受了气，回家难道还要装出一副笑脸？我做不到。最后两人只能不欢而散。

妻子认为自己真实表达了感受，丈夫认为自己不被理解和心疼，从而内心默默对抗，但实际上两个人都没有回归到真实的自己，都在"任性"。

先从妻子的角度来看，妻子感到压抑，不喜欢丈夫黑着张脸一言不发，这种感受是真的吗？感受是真实的，但不是真相。如果没有看到真相，直接把这种感受说出来，这不是真实表达，是在宣泄自己的不满。在真实与任性之间，妻子未看见真相，没有借着感受向内探索"我为什么会感到压抑"的真相，而是把矛头指向对方，表达出的意思是"我都是因为你才难受的"，这实质是一种指责，反而让丈夫更加不开心。

再从丈夫的角度来看，丈夫心情不好，回家一言不发，看似为妻子考虑，没有任性，但他压抑情绪的状态，同时影响了妻子，触发了妻子难受的感受，这也是一种任性。他的所作所为，既少了对真相的认知，也少了表达。

两个人，一个是有情绪有评判的表达，让对方更难过、难受和痛苦；一个用隐忍压抑的方式任由自己陷在感受中，在得不到理解时，又用情绪来默默对抗。双方都是任性，都没有真实表达，使得双方的关系更糟糕。

学会真实表达

有人就问了，说也不对，忍也不对，到底怎样做才是恰当的呢？怎样做才叫真实表达呢？

我们先来看《中庸》里的一句话："喜怒哀乐之未发，谓之中，发而皆中节，谓之和。"意思是：喜怒哀乐的情绪没有表露出来，这叫作中；表露出来但合于法度，这叫作和。

人都是有情绪的，不能不发。如果不发出来，情绪就被压抑了，是虚假的，没有力量。但是也不能乱发，乱发就无"道"，会伤人伤己。

如果"发而皆中节",双方的关系反而会更加和谐。

如何把情绪正向地发出来,让自己舒服,让别人也舒服,让自己成长,让别人也成长呢?我们就需要学会真实表达。

真正的真实表达,是透过自己的情绪,找到对应的感受,再通过感受去看到真相,将真相表达出来,这样就不会给别人带来伤害,反而会打动对方。

比如事例中的妻子,她感到压抑,背后的真相,可能是她有一位严肃的父亲,无论自己做了什么,父亲都不肯笑一笑。妻子在碰到丈夫黑脸时,这种感受就会冒出来,投射到了丈夫身上。看到真相后,妻子就可以向丈夫表达:"亲爱的老公,今天你回家一言不发,我感到压抑,在你身上我看到了自己父亲的影子,我过去常常因为父亲的一言不发而惶恐不安,生怕自己哪里没做好让父亲不开心了。如果你愿意的话,可以跟我讲讲你遇到了什么吗?我想替你分担些压力。"这样,丈夫可能会很愿意和妻子分享自己的感受,那这对夫妻不就多了一次心与心靠近的机会了吗?

而事例中的丈夫,一言不发的背后,可能是他有情绪不知如何处理,又不想把外面的情绪带到家里。他可以告诉妻子:"老婆,我今天在工作上遇到了挫折,心里很难受,又不想把情绪带给你。我想要自己处理好情绪,结果还是带给了你负面感受,对不起。"妻子此时肯定愿意更多地倾听丈夫的心声。

两人中只要有一人先站出来,跳出自己的感受,不任性,从自身出发,不把自己的情绪归于外界的人、事、物,而是去看见真相,再真实表达出来,就一定会收获不一样的结果,也能活得真实。

小贴士：关于真实表达的生活小例

孩子打碎了你最珍爱的花瓶。

任性的方式：怎么这么不小心，你真是太笨了。

真实表达：最喜欢的花瓶碎了，妈妈有点难过哦。

爱人没有按时来接你，让你等了很久。

任性的方式：怎么这么慢，你一点都不关心我！

真实表达：等了这么久，我有点着急哦。

想要活得真实，人至少要认清自己、了解自己的真实内在世界（也就是我们常说的真相），才能遵循真实的自己活着，才是对自己生命真正的负责。而真实表达是一种智慧和能力，不可能一蹴而就。这就需要通过每次的行为情绪感受念头，不任性，不外推，化成一个个看见真相、看见自己的契机，并表达出来，也就直面了真实的自己，才能越来越接近"发而皆中节"的境界。

达到这样境界的人，无论看到什么，听到什么，做什么，和谁在一起，都有一种从心灵深处溢出的不懊悔也不羞耻的平和与喜悦。

正确的"真实表达"，会带来怎样的成长

那么，正确的真实表达，会给人自身带来怎样的成长呢？

首先，当你懂得正确真实地表达自己，你其实也就直面了真实的自己，看到了自己内在的需求，了解并接纳了自己，你那些束缚自己的枷

锁就会被一点点打掉，光明的自己也会逐渐展现出来，你会获得生命的自由和绽放。

其次，当你敢于真实表达自己时，你不仅能感动自己，也会感动别人；能打动自己，也会打动别人。别人在接收到你传递出来的正能量时，也会反馈给你爱和温暖。这时，你们彼此之间就会有美好的情感体验和链接，也就有了能量的交换，生命得以成长，内心变得越来越强大。

最后，想要与人有良好的沟通，需要懂得"表达"，你表达出来的话，既要让别人觉得有道理，还要让别人愿意接受你的道理和你这个人，这才算表达到位了。

真实表达是一种看似简单、实际很不简单的能力，它需要训练，它背后依托的是你对生命的感悟和理解，这需要你具备很高的水平。

上进和执着

上进和执着的区别

上进和执着指的都是一个人为人处世时的状态，共同的外在表现就是能坚持，有意志力，遇到困难也不会退缩。只是在坚持的过程中，有如下不同。

第一，内在状态不同：上进和执着，虽然同样是为了目标去努力行动，可是执着的人内在藏着一个大大的"我"。

第二，由于内在状态不同，所以面对目标时的心态也不同：上进的人的心态是满怀希望、充满信念的，给人以积极向上的感觉；执着的人的心态是"要"和"怕"，他们要得到好结果，怕得不到好结果，是在负能量中去行动的。

第三，目的不同：上进关注的是过程，执着关注的是结果。

例如：一个修行的人，每天都坚持练基本功，一练就是十年，没有停止过。这个人很自豪地告诉老师："老师，当所有人都放弃的时候，我依然在坚持。"他特别希望老师能夸奖他。但是老师对他说："你可以坚持练习十年的基本功，方向却是错的，因为你的方向是希望有一天能得到他人的认可。这是执着，并不是真正的上进。"

第四，表现不同：上进的人表现得很有力量，大家会被他的行动带动。执着的人表现得很使劲，充满了压力和焦虑，从而也会对自己和他人充满要求，甚至冷漠且强硬，容易与他人产生对立和冲突。只要能达到想要的结果，其他一切都不重要。

例如：很多成功的人，他可能会因为自己的执着收获成功，可是他周围的人会因此很痛苦，因为他根本不会考虑别人的感受，只考虑自己如何达到目标。他听取不了任何人的意见，执着于自己的想法。

上进和执着都能让事好、事成。可对人时，执着就会让自己、让他人痛苦。

上进是一个人非常重要的内在品质，属于非智力因素。

如果一个孩子上进心强，他做事会有问题吗？他学习会差吗？如果你想让孩子学习能力强，学习成绩好，是去补课有效果，还是让孩子内在世界自信和上进起来有效果呢？

我们想说：有了上进心，学习不一定顶尖，但学习一定会好，哪怕不是前几名，也一定是好学生。一个人如果上进，他在做某件事时，一定做得不差。

"有压力才会有动力"能否激发孩子的上进心

很多家长在孩子学习有压力时，会对孩子说"有压力才会有动力"，你认为这句话可以激发孩子的上进心吗？

我的一个学员的孩子读三年级，孩子觉得这句话是没有道理的。

案例：

周末在车上，儿子突然跟我说："妈妈，有人说有压力才有动力。可我不这么认为。"我问："那你是怎么理解这句话的呢？"儿子说："我觉得不要有压力，最好一点压力也没有。"我说："那你自己有个目标，要去实现，这不需要给自己一些压力吗？"儿子回答："不对啊，那是我自己想要做的，那是动力而不是压力。"

这是一个敢于质疑、能够深入思考的孩子。"有压力才会有动力"这句话，我们从小听到大，老师和家长、领导和朋友，很多人都对我们说，这已经成为一条"真理"铭刻在我们的脑子里。然而，我认为，这句话是很多人走上不幸福的道路的根本所在。

对于大部分人来说，"有压力才会有动力"这句话实质暗含的意思是"急功近利地达到目标，为了达到目标可以内心不快乐"，其实这其中深藏的不是"动力"而是"欲望"。

古人说"欲望是深渊"，生活在欲望中的人都好像掉到了无底的深渊中，一直踏不到底，没有安全感，心中充满担心、焦虑，甚至是恐惧。这样的人的人生状态就是"努力"完成一个又一个目标，内心的压力和焦虑不断增长，换来的可能是物质越来越丰富的所谓的"成功"。

这样的人可能是社会上的"精英"人士，但其实都是一些"特别上进而并不自信"的人，深入地说，他们是"特别努力但内心并不快乐、精神世界很匮乏"的人，他们好像活得很风光，其实也只有他们自己知道自己有多么迷茫和痛苦，为了掩盖自己的迷茫和痛苦，他们又不断地追求结果，自欺欺人，周而复始，完全忽略了自己在精神愉悦方面的追求，抱着大量的物质迷茫一生。他们明显是陷入了"执着"这一误区。

当然还有更多的"有压力才会有动力"的人，他们非常"上进而不自信"，最终却并没有达到目标，或者没有成为世人眼中所谓的成功人士，他们的内心可能会更加痛苦。得到结果的人还可以自欺欺人地用结果来慰藉自己干涸的内心，尽管它于事无补。而没有获得结果的人的痛苦很有可能还会以自我不认同、自卑、情绪化、无所谓状态、对人和事总是不满、抱怨一切等形式表达出来，他们可能是更加不幸的一群人。

为什么会这样？因为"有压力才会有动力"的人，他们实质上就是"因为怕得不到结果而努力"的人，"怕"得不到结果，慢慢导致了人的"消极心态"和"不自信"，想"要"得到结果导致了人因"执着于结果"而"努力"和"上进"。请注意，这里的努力和上进不是真正发自内心的努力和上进，只是"想赢怕输"的欲望心态驱使下的急功近利的行为而已。

为什么会这样？因为我们从小到大，父母、老师、领导都一再地"要求"我们达到"结果"，却很少有人关注我们心态的培养。他们告诉我们要努力，要上进，要为了目标而努力奋斗，却很少会引导我们要有正确的信念，要有正确的价值观，要有好的心态，要有爱的能力。执着于结果属于急功近利（以目标和结果为导向的人生），关注过程属于精神愉悦（以内在的价值感和精神的愉悦为导向的人生）。

本来，以目标结果为导向和精神愉悦并不矛盾，获得了后者，前者更容易达到，但如果为获得前者而忽略了后者，那后者一定不会达到。执着于得到而忽略了精神愉悦，造就了无数不幸福的人生。

身快心慢是我们每个人要修炼的一个境界，身快——勤奋，积极向上，有目标但不执着于目标，有这样的品质更容易达到目标；心慢——好心态，遇事不急不躁，关注过程不执着于结果，笑对错误和问题，这样的品质很容易让自己心态平和内心愉悦。如果说得更深刻一点，那就是追求"有为少欲"的状态：有为——勤奋，积极向上地做很多有意义的事情，这些事情最好都是有利于他人的；少欲——个人享乐的欲望很少，知足常乐。达到"有为少欲"的人就是幸福的人，追求到幸福，应该是入世之人在世间的终极追求吧。

大家需要警觉：追求成功而不追求幸福，或者认为成功了就会幸福是错误的价值观，可能会造成终身不幸的人生，而这一切可能都源自"有压力才会有动力"的教育理念。

追求生命的质量，追求幸福的状态，追求精神的愉悦感的人是"优秀的人"。成功的人不一定优秀，优秀的人一定成功。优秀的人一定不会给自己太多的压力，他们不执着于结果，他们因为兴趣、因为利他、因为享受生活、因为关注过程不关注结果而拼搏，他们拥有积极的心态，笑对人生，笑对错误，笑对问题。他们因为人性的盛开而幸福美满。

不要只是一味引导孩子一定要通过努力获得结果了，更要引导孩子有好的心态，有正确的价值观，有爱的能力，让孩子成为一个优秀的人，这才是正道！

兄弟姐妹和哥们闺蜜

我们常对孩子们说:"要做兄弟,不做哥们;要做姐妹,不做闺蜜。"

兄弟和哥们、姐妹和闺蜜,有区别吗?

有很大的区别。哪一方多,体现的是你的人生观、你的处世态度,体现的是你是用正能量还是负能量来面对自己和面对他人。

有人可能会想:有这么夸张吗?

细微之处见真章,请听我们细细道来。

是志同道合还是抱团取暖

兄弟和姐妹,有两重意思:

一重是大家熟知的彼此之间的血缘关系。

另一重是虽然我们没有血缘关系,但是我们因共同的志向、理想、追求在一起,我们志同道合。我们不是彼此报喜不报忧,更可以报忧不报喜。我们的情感在升华,像亲人一般。

哥们和闺蜜，会因意气相投在一起，但是，这种意气相投的方式是彼此不够积极正向的"抱团取暖"。

哥们，更多的是男人与男人在吃喝玩乐上的意气相投，彼此贪恋对方给予的所谓理解，甚至纵容，可以让彼此内心舒服，却不能给对方成长的勇气和突破的力量。

闺蜜，指的是女性要好、亲密、无话不谈的好朋友。闺蜜的"蜜"也可以写成"密"，因为很多不便于跟他人倾诉的事情，难以启齿、羞于讨论的问题都可以和闺蜜分享，俗称"悄悄话"。这虽然能让你在难过、伤心时有一个宣泄口，但是也可能给你提供了一个把抱怨、中伤他人合理化的温床。

哥们和闺蜜，都会让你有机会不正面积极地解决问题，只是抱团取暖，不思进取地混着怨着，最后伤人伤己。

因为人是在环境中改变和成长的，一个正能量的人长期待在负能量的环境中，大概率会变坏；一个负能量的人长期和正能量的人在一起，大概率会变好。这也就是我们常说的"和什么样的人在一起，你就会有什么样的人生"。

如果你的朋友圈里哥们多，或闺蜜多，那你可能就过着：

或吃喝玩乐、虚荣爱享受的人生；

或每天揣着小心思、开着见不得光的怨妇会的人生；

或生活没有什么意义、碌碌无为的人生；

……

如果你的朋友圈里兄弟多，或姐妹多，那你可能就过着不懒惰、不消沉、有意义、有追求的人生。因为：

和勤奋的人在一起，你就不会懒惰；

和积极的人在一起，你就不会消沉；

和光明的人在一起，你也会慢慢发光；

……

要做到这些，一定不舒服，它需要不断地突破自己的设限，不断地直面自己，不断地直面困难。人在面对这些时，都会本能地逃避和退缩，所以，这时候你的身边就需要不可或缺的两种人：一种叫良师，另一种叫益友。良师为你指引正确的方向；益友在温暖你的同时，也会在你的身后稳稳地扶住你，不让你退缩逃避，让你迎难而上，笑对一切问题。

走出情感舒适区

在学校里，常会看到气场相合的女孩很容易相互吸引到一起，形成小圈子，彼此间分享自己的秘密、小心思和小烦恼，彼此在情感上纠缠，也排斥想加入她们之中的同学。这是很正常的现象，大家也见怪不怪，并且没觉得有什么不好。可是从人的生命成长角度来看，处在这样状态的女孩，其实是容易待在舒适区里、相互内耗能量的，还可能引起可怕的后果。

案例：

女孩小A和小B每天在一起，别人融不进她们，她们也不愿意和其他人过多交往，老师们想帮助她们成长，她们会抱团在一起对抗，说些负能量的话。后来，小A多了一个朋友，小B受不了她俩之间多了一个第三人，特别痛苦，甚至怀疑自己是不是同性恋，是不是爱上了对方。在老师们的指导下，小B看到她并不是同性恋，她之所以这么痛苦，是因为她曾经在朋友交往中受过伤，封闭了自己的内心，活在孤岛上。当碰到小A后，发现彼此特别合拍同频，所以她向小A敞开了心扉，因为她只向小A敞开过心扉，只信任她一人，朋友太少，所以当小A有了其他朋友时，她害怕失去小A的情感，才会产生一种独占心理，才会如此痛苦。

小B是幸运的，因为她有专业老师的指导，看到了真相。而很多孩子因为不明白这些心理状态，就会被社会庞杂的信息误导，误解了自己，而陷入痛苦。本来是一个简单的不懂得人际交往的问题，最后发展成了这样的后果，我想父母们一定不希望如此，对吗？

为了小A和小B的成长需要，老师们趁此机会要求两人不再当闺蜜，而是当姐妹，互相推动对方与更多人交往，去打破自己内心的屏障；相互之间多说正直的话，忠实地劝告对方突破自己，获得成长。最后，两个女孩变成了真正的姐妹，人也开朗自信起来，学会了与他人相处，有了更多的朋友。

第三章

家的味道
知行合一才有效

第三章

寒冷刺激

咳嗽与一口痰

家和庭

你有家吗?

你有家庭吗?

你的家庭是怎样的?

平心而论,你的家庭是一个家,还是一个庭?

最后这个提问,是不是把你问蒙了?家和庭不一样吗?是的,不一样。

你看,中国人无论身在何方,一提到"家"这个字,语气语调中都会带着些许缱绻的思念、温柔的想念,可见"家"这个字在中国人心里的分量很重。

为什么?

中国人是以家为最小单位的,中国人重视"家",重视"家庭"。

很多人没有"家",只有"庭"

一个人出生了,就有了他的原生家庭;长大成家之后,就有了他的新生家庭。无论是原生家庭还是新生家庭，他都需要有"家"和"庭"。

几年前，微信朋友圈里曾转发过一名高三跳楼女生的遗书，不知道这篇遗书是真是假，其中的一段话却道出了"家"和"庭"之间区别的真谛。遗书中这样写道："我失去的是我的家，心灵的家。有物质的房子，却没有精神的归宿，如浮萍荡漾在天地间。"

"家庭"这个词，可以分为"家"和"庭"两个部分，家是精神的，庭是物质的。有爱的地方才是家，否则那就是个房子而已。**有爱的地方叫"家"，只有房子的地方叫"庭"**。

如果你的"家"没有欢声笑语，没有温度和情感，没有理解、包容、支持和帮助，那你就没有家，只有"庭"。即使你的"庭"很贵，装修得很漂亮，电器都是现代化的，家具也很时髦，那也只是一个"庭"而已。

很多人太在乎"物质——庭"了，太忽略"精神——家"了。

很多人其实没有家，却拥有很多房子。

很多成人其实没有家，因为他的家充满着恐惧和欲望，却没有爱。

很多孩子其实没有家，因为他的家没有精神归宿，他如浮萍荡漾在天地间。

父母打着爱孩子的旗号让孩子好好学习，目的是让孩子考所好大学，找份好工作。考所好大学、找份好工作也只是旗号，父母真正的目的是让孩子有个好收入，从而"幸福生活"。他们的家充满着要求、期待、埋怨、唠叨，甚至抱怨、批评和指责，父母爱的不是孩子，而是打着爱的旗号爱着"钱",是拜金主义者。这样的父母其实给孩子的就是一个"庭"而不是一个"家"。

请父母们摸着自己的心好好感受,你的家是"家",还是"庭"?

很多家庭的成员之间不是爱和被爱关系,而是交换关系

每个人对家都有自己的定义。有人说,家是一种寄托;有人说,家是一段时光;有人说,家是一种情怀;还有人说,家是相爱的人在一起,是心灵的归宿,是安全的港湾。

无论我们怎么定义"家",我们最渴望、最想看到的是自己的家能充满欢笑、阳光和色彩……因为这代表着"爱的味道"。

所以,家的本质是爱,每个人都爱着别人,也都被爱着,这个家肯定是好的、幸福的。但是,现在很多家庭成员之间不是爱与被爱的关系,而是交换的关系:

我付出了物质,照顾了你的生活,你要给我好成绩;
我当你的老婆,你要给我挣钱;
我是你的丈夫,你得对我温柔一点。
……

充满着交换的地方就不是家,只是个"庭"(房子),里面待着几个相互索取的人,相互之间就是甲方和乙方的关系,不是爱和被爱的关系。

家，不是一个房子，而是你心之归处

家，甚至不需要"庭"作为依托。

案例：

有这样一个孩子，父母双方都是高学历的知识分子，长期从事教育工作，要求、担心、期待和说教几乎成为他们生活的全部。在这样的家庭中长大，孩子一直自信不足，动力不足。父母真的爱孩子，孩子却感受不到爱，心无归处。

在一次开学典礼之前，老师建议孩子的父母在典礼上站在学校操场的舞台上，在全体师生面前，给孩子献歌一曲来表达对孩子的爱。父母真的行动起来，当晚学歌学到凌晨一点。次日清晨，父母站到台上为孩子献歌，现场传来阵阵欢笑声。孩子从诧异到不可置信，从不可置信到哽咽，他印象中在家里家外都严肃端庄的父母，突然为他做出如此"丢脸"的事，他被感动到了。

这十几年来他第一次感受到了父母的爱！这样的感受，让孩子在那个当下，就感觉自己心有归处，有家了。

家是什么？吾心安处，便是家！

家里需要的是欢声笑语，不是唠叨、指责、批评和讲道理；家是讲情的地方，不是讲理的地方。孩子最想要的是父母恩爱，父母开心快乐，活出真实的自己，唯有这样，孩子才能安心和放心地飞翔在属于自己的天地间，寻找自己精彩的人生之路。

第三章
家的味道｜知行合一才有效

中国几千年的文化中最深远、最悠长、最具特殊意义的文化就是"家文化"。它环绕在我们普通大众的身边，从家庭到家族、到国家、到天下。每一个中国人的骨血里都流淌着家文化。

仪式感和形式化

形式化不走心

祭祀讲究的是仪式感,仪式感和形式化的外在表现形式是一样的,都表现为一个形式状态下的仪式。区别在于:把这些形式状态下的仪式走心地去做,就会有仪式感;不走心地去做,就变得形式化。中国人需要仪式感,却特别容易让其变得形式化。

例如:中国文化讲究跪天跪地跪父母。现在很多地方,尤其是春节的时候,长辈发压岁钱,晚辈仍要磕头,说点吉祥话,才能接压岁钱。

很多人觉得跪拜很形式化,很假。那是因为很多人把仪式变成了形式,那是因为我们太多人"知道做不到"。知道做不到等于不知道,知道做不到缺的是一颗心。而仪式与形式的区别也就是一颗心,有了这颗心才会真心实意,才会感动和打动别人。

如果没能看见父母的心,没有真正产生忏悔和感恩的感受,跪拜会变得形式化,不走心的跪拜毫无意义。可是,当你真的有了想向父母忏悔和感恩的心，你去跪拜时，会激发出你生命极大的能量。这是完全不同的。

仪式感背后承载着文化内涵

仪式感，其目的就是让大家能够用心去感受其背后蕴含的文化力量。

例如：古代的婚礼仪式中的三拜，一拜天地，二拜高堂，夫妻对拜。这是周礼。

为什么会有这个"礼"，会有这个仪式？

一拜天地：因为天地生养了人类和万物，没有天地，就没有人类和万物，所以，我们要对自然、对天地充满着敬畏和臣服。拜天地不是仅仅给天地磕头，这里的拜是"效"，即效法的意思。就是向天地学习，学天的高明、地的博厚，学乾坤之道。天地是阴阳，一阴一阳谓之道；在人这个层面，最重要的阴阳是一男一女。当夫妻俩跪在那里，给天地磕头，并向天地承诺：我们是天地的孩子，我俩结婚了，阴阳结合了。天地结合，让万物生生不息；也希望我俩的结合像天地一样生生不息，希望我俩能顶天立地，向大地学习厚德载物，向上天学习自强不息。

二拜高堂：父母生养了我们，我们要拜高堂，要敬天法祖。这里的拜是"孝"的意思。我们孝敬双方的老人，就是在敬畏天地。

夫妻对拜：阴阳和合才能生生不息。夫妻要对拜是因为，夫是阳妻是阴，对拜才能和合，这里的拜字可以是"笑"的意思。夫妻俩发自内心产生了喜悦、相互理解和尊重，各自做好各自的事情，遵道守德，所有的好事都会围绕着你们。

对于中国人来说，夫妻想幸福和谐，就是：一拜天地，懂得顶天立地；二拜高堂，懂得慎终追远；三夫妻对拜，懂阴阳，做到生生不息（见图8）。

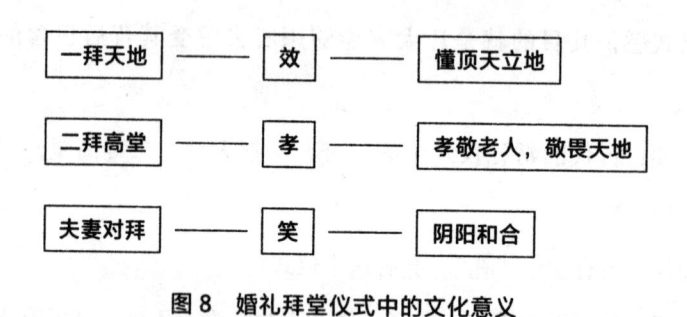

一拜天地 —— 效 —— 懂顶天立地

二拜高堂 —— 孝 —— 孝敬老人，敬畏天地

夫妻对拜 —— 笑 —— 阴阳和合

图8 婚礼拜堂仪式中的文化意义

这样的仪式承载着文化内涵，并不是简单地完成三个动作而已。如果不了解仪式背后的文化内涵，只是去完成这三个动作，就把仪式感做成了形式化。做这三个动作的同时，发自内心地去感受仪式背后的文化内涵，那就是仪式感。这份仪式感会让一个人生命中原有的光明与天地共鸣。

报恩、反哺和回报

报恩、反哺、回报这三个词看似雷同，却大不相同。

首先，我们从三者的定义进行区分。

报恩，即报答恩情，是中国传统伦理道德之一。恩情有很多，养育之恩、救命之恩、知遇之恩、培育之恩等。知恩图报是做人的优秀品质。

反哺，出自《初学记·鸟赋》：雏既壮而能飞兮，乃衔食而反哺。雏鸟长大后，衔食喂母鸟，比喻子女长大后奉养父母孝敬老人。

回报，即用同等价值来回馈别人对自己的付出。

哪个行为才是真孝呢？

回报不是真孝

很多人会把"回报"父母当成"孝"。例如：给爸爸妈妈买好吃的，买保健品，买养生泡脚盆，买衣服，甚至买车买房，带他们出去旅游，带着孩子回去看看他们……他们只会用金钱和物质来回报父母，跟父母之间却没有用心动情的交流。

有人努力达成父母的要求，活成父母想要的样子，以此来回报父母曾经对自己的付出，却没了自己，活在压力和焦虑中。

这些都不是真正的孝，本质上还是一种与父母付出的交换。

真孝不是回报。为什么？

孝不是物质回报的层次，而是"命"的层次，我们回报不了。父母给我们的是命，我们除了拿命来回报，其他所有的回报都是交换。

我们唯有把所有的时间用来提升自己的生命状态，努力把自己的生命通过自我成长变得更温暖更强大，去爱父母，爱国家，爱这个社会，让周围的人都因为我而变得和谐、幸福和光明，才是对父母最大的感恩。因为一个人能掌控的就是自己的生命，自己的命活好了，就能让父母的命也好起来。当你生活得不顺时，不是老天给你的命不好，而是你没把自己的命活在正道上。

想想看，"回报"是不是要把父母给予我们的还回去？这样就两不相欠了。可是我们真的能不欠吗？再多的金钱和物质，都不可能把父母给我们的命还够。你想"回报"就是想还命，可父母肯定不想要你的命。

报恩才是真孝

不回报父母，我们是不是就不孝了？

关键在于你报的是什么？中国的孝道文化讲"恩"，恩的组词有恩情、恩爱、报恩、感恩……我们对父母不要"回报"，要"报恩"，"回报"不是"报恩"。

因为"回报"是有来回的。当你想回报父母的时候，你同样会想着向父母索要，你会向他们索要理解，索要尊重，索要爱，索要父母不唠叨；当你想回报父母的时候，你会努力，会压抑自己，从而产生压力，最终让自己陷在对父母"烦厌怨恨"的情绪中。而"报恩"就不同了。当你想着是报恩时，你内心对父母是充满感激的，你想的都是如何更好地去爱父母，不会要求父母再回馈你什么。

所以，我们不回报父母，并不是不懂感恩，而是懂得真正的感恩。

真正的孝

怎么做才能做到真正的孝呢？

首先，真正的孝，是要让父母感受到爱，称为"爱反哺"。

有多少老人，活到了六七十岁，又或是七八十岁，还可能从未感受过真爱的感觉，从未感受过温暖和力量？我们如果想因为父母给了我们生命而感恩，可以把他们当孩子一样去爱，让他们体会到本应该从他们父母身上得到却从未得到过的人类最原始的爱，让他们也懂得爱。

其次，中国文化的孝道讲"恩"。对父母的孝是报恩，不是回报。

我们可以想想父母最想要什么。父母肯定不要我们的命，他们要的是我们真正的开心、快乐、积极、阳光、夫妻恩爱、孩子优秀；要的是我们被大家喜爱，周围的人因我们而变得不一样；要的是别人在你的父母面前竖起大拇指说"你养了个好孩子"，对吗？

简单来说，想要报答父母的恩情，就是把自己的命活好了，活到最好的状态，活到最精彩的状态，这就是给父母最大的荣光，这才是真正的孝。

最后，如何"把命活好"。

"把命活好"在中国文化里称为"知命尽性"，意思是知道自己的命，尽到自己的人性，让自己的命活得精彩。此处的精彩不是吃喝玩乐，而是让自己活得有意义，活在人性的光辉中，然后再去爱自己的父母，爱更多人，爱这个世界。

一个人要通过自我学习和成长，通过知命尽性，让自己命好，然后去爱父母，让父母命好，才对得起父母给你的这条命。

如果一个人不断提升自己的生命状态，不去怪任何人，努力地让自己变得温暖而有力量，再把父母当孩子一样去爱，帮助父母摆脱恐惧和欲望的牢笼，让他们体会到人类最原始的爱，他们也会释放出自身本有的光明，活出自己生命的精彩。这就是爱反哺最大的意义所在，这也是中国孝道的真正意义所在。

中国的孝道文化说：身体发肤，受之父母，不敢毁伤，孝之始也。立身行道，扬名于后世，以显父母，孝之终也。其内涵就是把命活好，就是爱反哺。

案例：

小A今年27岁，父母起早贪黑地做些小生意，靠几十年的努力把他们姐弟三人拉扯大，供他们上大学，活得很不容易。她的父母做这些没想过要她回报什么，但她因为心疼父母，就把"回报父母"当作对自己的要求，自己给自己压力。这种"怕辜负"就成了她内在最深的恐惧，成为她痛苦到无力的最深层原因。

第三章
家的味道｜知行合一才有效

20 岁的小 B 说，父母之前很在意她的学习成绩；在学了一些家庭教育课程之后，父母彻底放下了她的学习，给了她自由的空间。从高中起，她就有自己独立的思想，大学也是她自己选择的。因为父母对她太好了，她产生了愧疚感，希望用回报的方式回应父母的爱。

这其实是大多数人惯常的思维模式。只是这样的方式，会让自己负重前行，并不能真正走向轻松而光明的人生。这不是真的孝。

小 A 和小 B，都想回报父母，其实是怕"辜负"父母。这样的孩子，除了怕辜负父母，也会怕辜负一切爱他们的人。他们内心真实的声音是：

"我很害怕辜负爱我的人。"

"你对我这么好，我怕辜负你，我会很累的。"

"你对我这么好，我不值得拥有这份好，我需要努力回报，才配拥有，才能心安，才不相欠。可是，我也是个生命，我多想拥有不需要回报的爱啊！"

并且，他们回报的方式，也往往会给对方带来压力，这都不是真爱！

只有放下回报父母的重担，才能轻松上阵，父母才能真正放心和安心，这不就是真正的孝吗？等父母老了，需要我们时，我们好好爱父母，就像父母曾经爱我们一样，我们也无私地不求回报地爱他们，爱父母最好的方式就是反哺。

父母不需要回报，只要我们成为他们的骄傲，只要我们反哺他们就好。

爱和情

爱是一个人的事，情是两个人的纠缠

人终其一生都在寻找"爱"，却往往混淆了"爱"和"情"。

爱：金文里的"爱"字，上半部分是一个人张着嘴巴呵气或喃喃倾诉，下半部分是心，表达疼惜；右边加一个手，表示将对方放在心上。造字的本意是把对方放在心上疼惜呵护，喃喃倾诉柔情。

情："情，人之阴气有欲者。"意思是内心有所欲求的隐性动力。人欲之谓情。

由此可以看出，爱和情是不同的。

爱是一个人的事，"我爱你，我把你放在心上呵护，那是我的事，与你无关",是单向的;情是两个人的事,以欲求为起点,是双向的,是最易纠缠的,也最易变成苦情。

恋爱的核心是"情",婚姻的核心是"爱"

恋爱中的情但求曾经拥有,没有想着天长地久,拥有一次就足够了;如果要把这份情延续到婚姻中,那可能会越过越苦。

为什么?

因为恋爱往往基于激情,双方更多地在想自己付出后对方能给予自己什么,而婚姻需要的是"爱",想着自己能给予对方什么,不求任何回报。不求回报的叫真爱,只有在真爱的基础上产生的情,才叫真情;没有真爱的情,叫苦情。

台湾作家罗兰说过:浪漫激情犹如电光火石,一闪即逝,你捕捉到过,就算拥有了;如果你期待由此而结成的婚姻天长地久,那就得添加各种强固剂——道义、责任、真诚、奉献、良知,否则,来得容易去得也快。

英国有个心理学家通过考察、实验、对比和统计,算出激情大概只有两年六个月的时间。

所以,光有浪漫的爱情是走不进美好的婚姻的!

婚姻的四个阶段

婚姻其实有四个阶段,绝大多数人只能走到第二个阶段。

第一个阶段是恋爱后初入婚姻的阶段。这一阶段让人感到很舒服，两情相悦，情烈而不浓，但双方往往以情为爱却不懂爱，海誓山盟的誓言都太轻了，最易变。

第二个阶段是一个不舒服的阶段，即使舒服也只有一种可能，就是在不舒服之后或为了舒服而相互妥协所达到的一种平衡。这个阶段叫苦情纠缠，谁也离不开谁，都需要对方，这时候的情很苦、很无奈。有的婚姻走到这儿就结束了，很多人到死都处在这个阶段。

第三个阶段，叫断情生爱。这个阶段需要夫妻双方认清婚姻和家庭的本质，去学习断情生爱，这需要双方共同努力和成长。断情时很疼，这要求相爱的两个人都能够咬着牙不向对方索取，只去给予，既不占有也不纠缠，只懂奉献，相互尊重。

第四个阶段，得到真正的爱情。断了情之后所生出的爱才叫真爱；在两个人都懂爱的基础上产生的情，才叫真情，这是人生最美妙的情，浓而不烈，这才能称为真正的爱情。

如果你经历过第二个阶段，你一定会认可一句话：婚姻是爱情的坟墓。

如果你从第三个阶段走到了第四个阶段，你一定会认可另一句话：爱情是婚姻的归宿。

如果你在结婚的那一天把爱情掩埋，开始进入真正的婚姻生活，去好好用爱经营婚姻，别把曾经的浪漫激情带入婚姻，你会无比幸福。

如果你把恋爱中的情当成了婚姻情感的全部，希望在婚姻里一直保持这份情，那只能爱别离，怨长久，拿不起，放不下，在纠缠（两人分也分不开，好也好不了的状态）中品尝苦涩，最终走向苦情。

不要在亲子关系中"苦情纠缠"

你和孩子之间有没有这种情况：分也分不开，好也好不了。你的内心并没有跟他有那种特别美妙的相爱的感觉，但是又舍不得他。难受又舍不得，这就叫苦情纠缠。

你当然爱孩子，但是你要他有出息，要他乖巧，要他没有缺点。而他向你索要信任、温暖，索要无条件有原则，或者是在物质方面索要手机、平板电脑等。这种情是很痛苦的。除非父母静下心来学习如何去爱，引导孩子学习如何去爱，双方才能建立美好的、真正的以爱为基础的情感，这种情感才会无限美妙。

我常会告诉那些陷在苦情里的夫妻：要么离婚，要么好好过日子。苦情纠缠的这种痛苦常常会在不知不觉中传递给孩子，孩子会因此留下伤痕，从而影响他未来的恋爱和婚姻。

为什么呢？因为成人是有排解方式的，可以通过工作、交友、购物、瑜伽，可以假装开心、快乐，可以假装有价值感，实在痛苦的时候还可以通过离开家来逃避。孩子能去哪儿？孩子最在意的是家，是父母。

当夫妻间纠缠的痛苦传递给孩子后，孩子出了问题时，夫妻俩往往会关系变好，因为两人有了共同要去面对的"敌人"——孩子；但是一旦解决不了孩子的问题，夫妻双方就会相互抱怨，再次走向婚姻的困境。这也造成了很多夫妻在孩子高考完后选择离婚。

我想告诉大家：爱和情不一样，情容易苦，爱会历久弥新，情太容易纠缠。只要你与孩子是纠缠的状态，那你对孩子的爱就不是真爱。

生活可以磨灭"情","爱"永远不会被磨灭！

我们衷心希望大家都有爱的归宿，能够体会到浓而不烈、沁人心脾、永生难忘的情，能够体会到阴阳和合的美妙，能够体会到相忘于江湖的爱情。

小贴士：如何引导男孩和女孩在青春期树立正确的爱情观？

家长走不到真正的爱里面的话，其实引导不了孩子。因为你没有感受过真正的爱。孩子会以你的标准，甚至是与你相反的标准去建立他的爱情和家庭。

在引导孩子认识爱和情这件事情上，家长需要修行到懂爱的状态，孩子才愿意听你的。如果做不到，家长可以找懂的人引导他。

情感和情绪

情绪和情感的区别

情绪是人不需要经过后天学习就拥有的东西，外在有什么样刺激，人就相应会有什么样的反应。这个反应是先天的，不需要通过后天习得。

情感源于爱。人通过后天学习文明和文化，使自身成为一种主动的影响源，但这个影响源并不能刺激对方的情绪，而是能打动对方的内心世界，让他的内心产生一种抑恶扬善的心理状态。

为什么很多人觉得动物有情感？那就是因为他们分不清情绪和情感。在跟动物交流的过程中，人怎样刺激它，环境是怎样的，它就会有怎样的反应。这种反应会让动物跟人有互动，所以有的人会觉得动物有情感。

人有动物性和人性。当人受到外界刺激，后天又不能够通过自己的情感来升华情绪的时候，往往就会用情绪面对这一切。而很多人就把这种情绪当成了情感。

情绪有两种：一种是让人舒服的情绪，一种是让人不舒服的情绪，前者叫正向情绪，后者叫负向情绪。很多人认为正向情绪就是好的情感。但这其实只是人的动物性，并不是人性。用情绪化生活的人，往往会产生四种主义。

个人主义，一切以我为中心。

功利主义，一切以结果为中心。

享乐主义，吃喝玩乐最重要。

消费主义，买东西、消费是他的主要目的。

这四个主义其实都是动物性的表现。

人可以超越情绪产生各种各样美妙的情感，可以用情感给予别人美好的感受，让别人也能脱离情绪的状态，感受到只有人才有的脱离情绪的美好。

人分为三种。

第一种人，是"不像个人样的人"。这种人只活在情绪中，遇到各种刺激，就会用动物的本能去面对一切。高兴了，就开心得不得了；不高兴了，就痛苦得不得了。表现得特别二元化。高兴的时候像天使，不高兴的时候像魔鬼，别人给了他好的感受，他就对别人好；别人给了他不好的感受，他就跟别人对抗。他完全没有脱离人的动物性，总是通过外界的刺激来确定自己的应对模式。这种人我们常常叫"不像个人样"。

比如巨婴。婴儿饿了会哭，拉了会叫，他通过自己的天性来折腾，引起别人的注意，让别人来关注他，满足他的需求。很多人长大之后，遇到各种事情，没有自控力，不能调整自己的状态和情绪，还是用自己舒服的方式去面对这一切，甚至通过发脾气、哭闹来要求别人满足他。

这样的人长期处在外在刺激的过程当中，负向情绪越来越多，正向情绪越来越少，最后成了一个负能量的人，周围也成了负能量的环境。接触到他的人，也往往会被他的负能量带动，跟他在一起很不舒服。这就是情绪化的人，他没有脱离动物性。

第二种人，是"特像个人样的人"。比如，当我们夸一个女人的时候，最高的夸奖是不是你看她真有女人样？而不是说她是个好女人，她是一个贤惠的女人。这个男人像个男人的样子，这个老师像个老师的样子，这个警察有警察的样子……否定时则会说，这个人不像个人样，甚至说某个人禽兽或者禽兽不如。

这种人在外界的刺激下，能非常好地应对自己的感受，不用动物性来面对事情，而是用自己的文化和文明的修养化解别人的情绪，用情感去面对一切。这种情感可以打动别人。

第三种人，是"就是个人样的人"。这样的人占人类的大多数，既有动物性，也有人性；既有情绪，也有情感。情绪化的时候，他会通过人性抑制动物性。

用情绪对待孩子会激发孩子的动物性

作为父母，我们应该用情感来对待孩子，而不能用情绪对待孩子。因为用情绪对待孩子只能激发孩子的动物性。没有修养的人，他会很"急"。父母一着急，孩子出问题。

当父母没有真正的修养，没有真正的情感，只用情绪面对孩子的时候，孩子就会用他的动物性面对家庭、面对学习、面对社会。他往往是自私自利，是缺德的。父母培养出来的孩子可能也是一个小动物。他知道吃东西高兴，睡觉舒服，被别人刺激了会生气，等等。他把他天生的动物性发挥到极致，但是他并没有真正发挥出人性。

人和动物的最大区别，就是在做了不符合道德的事情的时候，人的心里不会放过自己。因为人有耻辱感，会想尽一切办法制止违反道德的事情的发生，把耻激发出来，知耻后勇。

有孩子在跟我聊天的时候，会不经意说出脏话来。我跟他们说：这说明你们还是动物，还不是人。他们很不好意思。我接着说：其实你们并不是坏和恶，只是因为你们感受到的情感太少，从小到大受到的刺激太多。当你们想表达自己内在世界的时候，没有表达的渠道和方式，就用说脏话来表达自己的情绪。你们得到的情感太少了，得到的真爱太少了。

因为父母给予了孩子很多物质方面的爱，而且还求回报。父母的动物性影响了孩子，孩子的动物性也表现得淋漓尽致。

有修养的人才会有情感

如果父母爱着孩子，孩子学会了爱，他是充满情感的。

充满情感的人，有两个特点：

第一，他有责任感。他需要做很多为别人好的事情。比如对父母好，这叫孝；对爱人好，这叫恩爱；对孩子好，这叫真爱。他还会爱邻居、爱同事、爱社会、爱国家、爱天下。而且他是在开心地去给予这些爱，而不是为了追求回报。

第二，他有荣誉感。他是这个家庭的成员，他有荣誉感；他是这个单位的成员，他有荣誉感；他是这个国家的公民，他有荣誉感。

当孩子被真正地爱过，被大公无私地爱过，他内心就会产生自律、自控和道德，会用责任感和荣誉感去面对人生，他就是顶天立地的一个人了。

当用情绪面对一切的时候，我们伤害了对方都不自知。有情绪的人，往往只有"我"。外界的刺激，让他有一种天生就要那样应对的状态。这样的人，以自我为中心，完全不能够控制自己，也不能够通过文化的方式让自己成长，处在情绪中走不出来。那么，怎样才能抑制情绪，让我们成为有情感的人呢？

可以通过"修养"，散发出人性的光辉。

过去，有知识的人很多，没文化的也很多，自私自我的人多，愿意走向无私无我的人少。

一个家庭中，家庭成员要不要大公无私呢？如果家庭每个成员都能大公无私，不考虑自己去爱着别人、为别人着想的时候，这个家会幸福无比。

我们常说"齐家治国平天下"，对自己家人能够大公无私是最难的事情，对别人大公无私还可以假装，对家人能够做到付出不求回报太难了。当你能用爱、用情感对待家里人的时候，这个世界上就没有你打动不了的人。走出家门，会有更多的人信任你、喜爱你，你当然就能"治国平天下"了。

人类就是在这个过程中不断循环的。我们生下来是婴儿，从情绪走向情感，从动物性走向人性，走向爱别人的自我成长的道路，再用爱、用情感面对孩子，化解他们的情绪，让他们也走上爱和情感的道路，在这样的循环中不断传承着文化。

第四章

生命成长
改变永远是自己

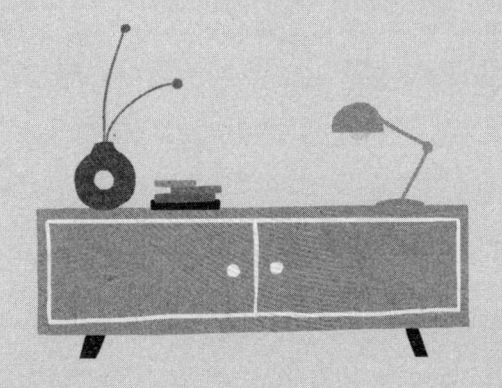

知道和知到

"知到"易,"知道"难

我们的课堂上,常会有这样的对话:

老师问:"你知道吗?"

学员说:"我知道呀!"

老师问:"你知道什么呢?"

学员说:"我知道夫妻关系重于亲子关系,我知道孝为德之本,我知道……"

老师问:"你做到了吗?"

学员说:"没有。"

老师说:"那你并不'知道',你只是'知到'。"

知到≠知道!

"知到"是知识背会了，记住了，逻辑上通了，道理上懂了。

"知道"是"知到"并坚持做到之后，感受到知识背后的规律和意义，将知识转化成智慧的过程。知识是属于全社会的，智慧是属于个人的。

字典里并没有"知到"这个词，只是想通过对比告诉家长：我们总是"知到"太多，却"知道"太少。现实生活中，太多的人只是"知到"，没有真正体会过"知道"。

比如，家长通过学习知道孩子犯了错要先接纳孩子，再处理事情。理解接纳看似很容易，做到接纳的人却很少。很多人从未体会过"接纳"是一种怎样的感觉，也没有坚持在一次次行动中，去反思总结提高，找到正确的感受，再给予孩子，而是把接纳当成达到自己目的的方法和手段，结果肯定事与愿违。这些家长最后会说："这个方法没有用，算了，我找其他方法吧！"或者说："我学学另一个方法，可能那个有用。"

再比如，在某些家长课堂上，我们会让那些一直努力、停不下来的家人问大家："我不努力，你们还爱我吗？"让那些总是自我否定的家人问："我什么都做不好，你们还爱我吗？"很多时候，这些家人的第一反应就是："不用问，我知道大家会说爱我。"很多人的想法就是："这是一个我知道答案的问题，不需要问。"

其实，这两个"知道"用"知到"更准确。因为没有去做，就没有感受，也就无法体验到。去问不是去确认答案，而是问了之后才会有感受，有了感受就会给心注入能量，他就真正知道了：做，才是答案！

所以，很多人常说："道理都明白，就是做不到！"

其实就是因为，他没有真明白真知道。只有做到才是真明白真知道，否则只是"知到"。

这就像一个挖井的人，他所在的地方深处其实有水，可是他挖到一半放弃了，换了个地方继续挖，挖到大半又放弃了……他挖了无数次，每次都以失败告终。他怪自己倒霉，怪自己挖的地方总是没有水，可是水就在那里，只是他看不到。万事万物都有规律，所有流派讲的理论背后的规律其实是相通的，都是殊途同归的，因为规律是不以人的意志为转移的，只有找到规律，按着规律做事，才会事半功倍，才会顺利，才会有真正的智慧。

行知合一最重要

我们一直在强调"每个人都能做到，但没有几个人做到了"，这就是规律。有成功体验和感受的人往往是能够行知合一的人和能够坚持行知合一的人。我们把阳明先生的"知行合一"改成"行知合一"，就是为了强调有行才能知。

正所谓"知之匪艰，行之维艰"，"知到"容易，"知道"难！"知"和"道"相差十万八千里，需要经历九九八十一难。

"知到"仅仅是记住了知识，记住而没有"践行"的知识都是没什么用的，它是属于社会的、大家的，而不是你个人的。

一个人只有把知识运用起来，才能在用的过程中，把知识变成智慧。人生活在这个世界上需要的是智慧，智慧是属于个人的。

从知识到智慧的过程，需要千万次的践行。这就是《学记》中所说的"学问思辨行"。学了多少不重要，重要的是做了多少；做了多少不重要，重要的是坚持做了多少；坚持做了多少不重要，重要的是坚持做了多少之后又总结反思了多少；总结反思了多少不重要，重要的是总结反思之后又学了多少，最终形成"行—学—问—思—辨—行"的良性循环。

这十多年，我们面对那么多家庭，发现能得到幸福的家庭真的太少了。按照二八定律，大概只有4%的家长会收获幸福，因为大多数家长"学得多""习得少"，做不到行知合一。

别看现场学习的家长都很认真、专注并热情洋溢，但是课后，只有20%的家长会去做，在"会去做的家长"中只有20%的家长会坚持做，"20%×20%=4%"，最终只有4%的家长在不断实践和坚持后，体会到了喜悦，寻找到了幸福。

记住，坚持最重要。水滴石穿不是水滴的力量，是坚持的力量。

真正做到知道

那要怎么做才能真正"知道"呢？

第一，你要系统学习知识。

知识如果没有系统，就好像是大树上没有枝干的叶子，是没有真正的生命力的，很快就会枯黄化为泥土。我们活着是为了爱，为了幸福，但我们可能从来都没有为爱、为幸福系统学习过。无论你是为了幸福学习，还是因为家庭问题棘手学习，你都是最优秀的，因为你开始了系统性的学习。也就是说你要先"知到"。初学时，收获了一些"知识"，然后背会了，这算"知到"，没背会就连"知到"都不"知到"。

第二，理解、操作和坚持。

只有记住了知识，才能更好地理解。有好的理解，才会更好地付诸行动。坚持行动，会更好地理解。更好地理解，会增强记忆。知识都没有完全记住时，家庭就已经会有很大的变化，如果知识完全记住后理解和实践，一定会更加幸福！

第三，拥有空杯心态。

"不是想明白才去做，只有在做中才能真正想明白。"学习完，先按照专家或者指导老师的要求去做，在做中不断地反思总结如何才能做得更好，这一点特别重要。

有20%的人具有空杯心态，按照老师所教授的知识不折不扣地"认真准备—用心实践—不怕犯错—反思总结如何做得更好"，这一部分人是改变最大的。

有60%的人有空杯心态但又执着于自己，老师讲的是A，他执着于自己的C，最终他的行动是折中的B，结果是"家庭有改变，但就是差那么点意思"，这60%的人只要坚持学习，不断反思，最终会收获幸福；但如果不坚持学习和反思，就会一直是这样的状态。

还有20%的人执着于自己，把老师教授的知识当作参考，我把这类家长叫作"来找方法的家长"。只想学方法的家长都不是好家长，这类家长学习之后也不会有太大的改变和效果。

第四，坚持！

想收获幸福，最大的障碍是自己，是没有毅力不能坚持。大家想想，你下定决心"每周去爬山"，你会发现"一个人爬山很难坚持，一群人爬山就很容易坚持"，这就是群体的力量。

因此，在学习的过程中，把自己"泡"在正能量的人群中是让自己坚持的最好方式。

请记住，跟着蜜蜂找花朵，跟着苍蝇找厕所。把自己置于积极的环境中，对于你的学习会产生事半功倍的效果。相信自己！

第五，奉献。

把爱传出去才能把幸福带回家。自助者助人，助人者自助。

助人和自助是一对孪生兄弟，你能无私地帮助周围的人，说明你是个心中有爱的人。心中有爱家还能不幸福吗？

所以，希望你在学习的过程中，在帮助自己和自己家的同时，能够在现实生活中、在网络上，拿出自己的业余时间，参与到"快乐的自助、互助、助人"的各种学员自发的活动中，相信你在传递爱的同时也会被爱包裹，这份爱会慢慢浸透进你的家庭，让你的家庭更加幸福。

无数案例都已经证明"把爱传出去，才能更好地把幸福带回家"。

这一点要好好悟一悟，因为最大的无私是自私，最大的自私是无私。相信自己！

第六，永远不结业。

苏霍姆林斯基说："教育孩子就是教育自己做人的过程。"

明白了这一点，你会发现孩子是来帮助你成长的"佛"，你会明白，教育孩子是一场修行，修一颗无欲的心，修一个有为的身。

能够止于至善的家长，孩子就会越来越优秀。

参加学习只是开始，止于至善，永远都不会结业，只要你不松手，我们就会拉着你的手一起向前走。

教育和教学

教育和教学的本质区别

如果你是一位家长,你愿意把孩子送到学校去接受教育还是教学(学习知识)?

如果你是一位教师,你会怎样定位自己?你是从事教育工作,还是从事教学工作?

教育和教学到底有什么区别呢?

教育的本质是育人,教一个人学会"做人",以此提高做人的水平和道德水平,让"人"成为"优秀的人"!

教学的本质是学习知识,让学生又快又好地获取知识,以此提高做事能力。

教育,是以"人"为中心;教学,是以"知识"传授为中心。

教育和教学原本是相辅相成的,本应该在"育人"的基础上进行"教学"活动,让人成为人。但是,在当今的社会环境下,很多人以结果为导向，奉行功利主义，使得"教学"不仅缺失了"做人"教育，也不是以"知识传授为中心"，而是以让学生又快又好地参加考试拿高分为最重点了！

关键是：

努力学习的人就能考一所好大学吗？不尽然！
考一所好大学就一定能找一份好工作吗？不尽然！
有了好工作就一定有好收入吗？不尽然！
有了好收入就一定有好生活吗？不尽然！
物质条件特别好就能收获幸福吗？更不尽然！

那，你的孩子最终会成为一个"好人"，一个"优秀的人"吗？这个更不尽然！

教育的核心不是学习知识，掌握技能，考上大学，追求成功，而是教育一个人成为"优秀的人"，这是一个缓慢优雅的过程。

绝大部分老师懂教学，但并不一定懂教育。教育的根本是培养人，而培养人的根本是爱！

很多老师都能流利地回答"如何把数学或者语文教好"这一问题，可又有多少老师能够流利地回答出来"如何把一个人培养成优秀的人"这一教育的永恒问题呢？

从小到大，我们都用"人类灵魂的工程师"来形容老师，真正在育人的老师是配得上这样的称谓的。如果一位老师只是"知识的传授者，而不是灵魂的工程师"，那么，他所做的工作就只是想尽一切办法传授知识，关注最终的成绩。

当我们的教育以目标为导向，以成功为导向，以能力和就业为导向，缺少了真正系统而有效的"做人"的教育时，那很多孩子就需要补上一课。否则的话，我们培养出来的孩子，成绩特别优秀的会显得自我、功利、划清责任而不愿意承担责任；"中等生"显得无价值、无所谓，有些混日子，想好好不了，内在缺少力量；"学困生"显得消极、自卑甚至出现对抗心理，需要帮助却陷入没有人能够真正给予认同和帮助的无奈境界。随着孩子长大，进入大学，进入社会，尤其是组建家庭成为父母以后，很多隐藏的"做人和道德"的问题显现出来，将会影响孩子一生的幸福。

所以，无论是学校教育还是家庭教育，都不能本末倒置。要先成人，成为优秀的人，再成才，成功。学习是让一个人获取知识，培训是让一个人获得技能。有知识有技能的人不一定是优秀的人，但是优秀的人一定是有知识和技能的。

教育的本质是"成为人"

教育的本质是"成为人"，什么叫"成为人"呢？

"为"的意思是什么？如果你把"为"变成作为、有为，你就明白了，成为一个有为的人，成为一个有作为的人。

中国有句老话，叫"人不为己，天诛地灭"，很多人都错误地理解了这句话，或者现代人把这句话解释为自私自利和为个人主义辩护。实际上，这句话真正的含义是，一个人如果没有作为，不去修为自己，则不容于天地。

　　作为老师，你在教育孩子的过程当中，是不是往往关注知识和技能，关注教学多于关注教育人？请回到正道上来，回到教育的规律上来。所谓的"经师易得，人师难求"。这个社会经师太多，人师寥寥。如果只有经师，孩子就只能活在知识中而少了温暖和情感，少了榜样和力量，当孩子和老师产生真挚的情感后，教育才真正开始。只有真正的人师，才能让孩子爱上他，才能成为孩子人生中的指路明灯。大家想一想，如果有一群能看到孩子、看到生命，拥有着无私的爱孩子的心并充满教育情怀，不断自我修行和完善，潜移默化地成为孩子榜样的老师陪伴着孩子们学习和成长，那孩子们何愁不优秀？

　　作为父母，如果你觉得教育孩子很难，那你根本就不懂教育，因为如何教育孩子是如何做好父母的副产品。太多的父母一提到"家庭教育"，首先闪现在脑海里的就是如何教育孩子。如何做父母和如何教育孩子，这是一个问题吗？无数人把这两个问题合二为一了，把家庭教育变成了"如何教育孩子"。

　　那谁来教育孩子？是父母，对吗？当"如何做父母"做好了，教育孩子的事不就顺理成章变好了吗？当你成为一个智慧家长时，教育这件事情还是问题吗？

　　所以说，家庭教育的本质是在家庭伦理正常的基础上学做人。我们需要回到正道上来，回到真正的规律上来。让教育的过程成为教一个人学会爱，父母爱孩子，孩子会做人，这就是家庭教育的本质。

　　我想做的教育，不是让孩子"追求名利，渴望成功，远离温暖和力量，没有情感和温度，精神不能富足"的教育，我想做的教育是让孩子们"内心强大，价值观正确，心中有爱，充满力量和温暖，追求理想和成功，精神富足，做一个大写的人"的教育。

请切记：如果你培养的孩子心理阳光，道德和责任感很强的话，他一般可以考上一所好大学。但是在现有教育体制下，只是为了考上一所好大学，很有可能会失去心理的阳光和快乐，失去道德和责任的底线。内心的阳光和快乐、道德和责任的底线不是学校能教授的，是要靠父母的爱成就的。

你是做给孩子提供教学环境的父母，还是做懂教育的父母呢？

规律和逻辑

人法地，地法天，天法道，道法自然。万事万物都有它本来的规律：地球永不停歇地围着太阳转，月亮忠实地绕着地球转，从未改变，也无人能改变；日升日落，花开花谢，春生夏长，自然界的一切都在不任性、有原则地运行着。

规律不以人的意志为转移，是人力不可改变的；这些自然界的事物和现象在头脑中的反应，就形成了一系列的逻辑，简言之，逻辑是人脑思考出来的东西。

规律，就在那里，万事万物按照规律运行；无论我们的头脑能否总结出规律运行背后的逻辑。

就像地球围着太阳转，我们只能探寻这个自然现象，却不能探寻出自然本身为什么会出现这个现象。有一句格言：人类一思考，上帝就发笑。它的意思是对生命和整个世界的自然规律，我们人类还是少一些自作聪明吧！因为人自身太渺小，太微不足道了。我们思考得越多，以为越接近真理，越会发现反被上帝愚弄了。

这么说，并不是反对科学，实际上我们非常尊重科学，科学是研究自然现象的，是我们探寻自然奥秘的一种方式，科学就该是严谨和有逻辑的。在探寻的同时，我们也要承认自己的渺小，关于事我们可以用逻辑去完成，关于人我们需要用规律去铸造。懂逻辑的人很聪明，懂规律的人很智慧。

我们用一个家庭教育中最常见的逻辑，来感受逻辑和规律的差别所在。

父母看到孩子的不足和缺点，具体地指出来，让孩子改正，孩子就进步了。这句话特别符合逻辑，可是，可操作吗？

如果孩子还小，真实的儿童心理是：你盯着我的不好，我就用更不好的行为来告诉你，是你错了，不是我错了！

如果孩子到了青春期，他内心的声音就会是"凭什么？"

"凭什么要听你们的，你们说的就是对的吗？"

"凭什么都是我有问题，难道你们没有问题吗？"

我们称这样的逻辑为"变态逻辑"：听上去很有道理，操作结果却适得其反。

那么，与之相对应的真正的规律是什么？真正的规律是：只有当一个人被信任、心赏（用心地去欣赏）和悦纳的时候，他才愿意主动找出自己的不足并去改变。

家庭教育的规律

人是自然的产物，人也应该按照规律生活。那对于家庭教育而言，又有哪些规律呢？

很多人会说，现在的孩子太难教了。当我们说这话时，有没有思考过为什么现在的孩子难教，责任在谁身上？在孩子身上吗？当然不是，孩子生下来就是一张白纸，你画上什么，他就变成什么。孩子变得自我，不就是我们教出来的吗？

第一，不要围着孩子转。

一个总是围着孩子转的家庭，教育出来的孩子一定是自我的，一定会丧失感知别人的能力和为别人着想的能力。

几千年来，古今中外，哪一个文明，哪一个民族，在他们的文明和文化下，家庭是以孩子为中心的，是大人围着孩子转的？只有近三四十年来的当代中国，一个家庭以孩子为中心，父母老人都围着他转，都在意着他，才形成了全家围着孩子转的教育模式。

中国当代如此多的孩子不孝顺父母，那是因为父母太"孝顺"他们了。可我们成人有想过自己的父母（也就是孩子的爷爷奶奶），有想过他们需要什么吗？我们也许以为给老人花点钱买个安慰就是孝顺了。你这样又如何指望到老时，孩子会孝顺你呢？孩子只会模仿你，甚至还不如你。

现在我们只要求孩子学习知识和技能，只看重提高孩子的能力，其他的都不管，等孩子长大了，你会发现，他所有的毛病都跟他不遵道守德有关。

其实，家庭教育的核心规律之一，就是夫妻恩爱，围着老人转，孩子就会天生围着父母转。当我们爱自己的父母时，孩子自然就会爱我们。这就是正常的家庭伦理。父母围着老人转，孩子围着父母转，就如

第四章
生命成长｜改变永远是自己

地球围着太阳转，月亮围着地球转，这才符合自然规律，才会同自然产生链接，获得真正的智慧和力量。

第二，家长改，孩子变。

必须着重指出的是，家庭是一个系统，家庭教育理论也是一个系统理论，只有系统性才能探寻到真正的规律。孩子的问题只是家庭系统错位而展现出来的症状，想让孩子健康成长就需要调整家庭系统，而不是针对症状去解决问题，那样只会治标不治本。

很多时候，人很容易活在自己的"认为"里。一个人在自我成长的过程中，在他接触的社会环境和家庭环境中，面对各种人和事，会形成一套以"我认为"为基础，看似很有逻辑、很有道理的体系，以此来应对自己生活的方方面面，从自己的角度让自己显得很正确。但这些"我认为"，却不一定是真相。

当你在进行碎片阅读、不系统地学习和探寻时，或者当你在找寻应对家庭问题的方法时，你只会在"我认为"的认知中，吸纳你认为对的、有用的东西，而有失偏颇，形成"自欺"。

所以，**系统比学习更重要，文化比知识更重要**。一定要系统学习、有文化，才能让家庭更美好。

想要成为深谙教育规律的智慧家长，最重要的就是"在做中想明白，而不是想明白了才去做"！

很多人都有一个惯性思维——"我总得想明白了，才知道怎么做，为什么做，是否值得做吧！"这个思维方式大多出现在用脑大于用心、理性多于感性、逻辑能力很强的人身上。这类人做事能力极高。但我们会发现，在处理人的问题上，特别在家人身上，用这样的思维方式行不通。家庭教育实际上是践行的哲学，上课学到的都只是符号，唯有践行才能转化为智慧。

我们用一副通俗易懂的对联来说明：

上联：你改他就变不变也得变

下联：你不改他不变变也不变

横批：你改他变

这个规律就是"家长改，孩子变"。

很多家长在长期学习或者长期思考如何教育好孩子，或如何解决家庭和孩子问题的时候，他们就是在想着如何改变别人！方向错了，怎么努力都是没有用的，甚至会出现南辕北辙的结果。

战略错了，战术怎么调整都是没有用的；战略对了，战术就算出错也不要紧，只要我们有不断改进战术的能力，最终还是会打胜仗。

家长们教育好孩子的战略就是"改变的永远是自己"，只要能明白这一点，那离胜利就不远了。

不要多想要多做，做得越多体会越多，体会越多收获越多，收获越多智慧越多。心感知的是规律收获的是智慧，脑思考的是知识收获的是逻辑，想要幸福生活就要遵循规律，活出一颗幸福的心而不是一颗聪明的脑。

第三，盼着孩子出问题。

家长们喜欢孩子出问题吗？家长当然会说："不喜欢！"这就是一个需要转变的教子观念。

每个孩子都会出问题，没有不出问题的孩子。我们认为不出问题的孩子才可能是有问题的孩子。

因为每个孩子都处于社会化的过程中，他们要用很多年去不断探索、感知、思考、实践、反思如何生活和学习，他们从没有经验到有经验的过程，是不断学习的过程，也是不断出问题的过程，而不断出问题、不断解决问题是孩子获得学习和生活能力的常态。

小贴士：
没有体验就没有经验；
没有问题就没有进步；
没有失败就没有成功。

因此，孩子出问题是一件好事情，而不是一件坏事情。

家长遇到孩子出问题应该高兴，对自己说"我的孩子又出问题了，我又发现他生活或学习中没有掌握的东西了，如果这个问题解决了，我的孩子就又进步了"。

这是真理，真正的道理：**问题是宝贝，是孩子进步的宝贝。**

珍珠是宝贝，大家知道，每颗珍珠都是由一粒沙子演变而来的。

生活中的问题比比皆是，如果你忽视它或者随意处置它，那它永远是沙子，还会给你带来更多的沙子。如果你周围都是沙子，你最终也会是一粒沙子，微不足道。

如果你积极面对正确对待，用智慧和责任把每一粒沙子都努力变成一颗珍珠的话，你周围的珍珠会越来越多，到一定时候，你也变成了珍珠，变成了宝贝。

每一个问题，它们是珍珠还是沙子，由你的心决定。

家长对待孩子出问题的心态，直接导致家长是否"心静"，不喜欢孩子出问题、讨厌孩子出问题、害怕孩子出问题的家长都不是智慧家长，因为这样的家长不了解教育的规律，不尊重孩子成长的规律。

想尽一切办法杜绝孩子出问题，是孩子不断出问题、不断出大问题、重复出同样问题的核心原因之一，也是家长不安、焦虑、痛苦、愤怒的核心原因之一。

当家长盼着孩子出问题的时候，家长心就静了，因为他明白，问题是宝贝，是检验孩子生活和学习中错误的宝贝，是促使孩子在生活和学习中进步的宝贝。问题越多说明孩子实践得越多，问题解决越多说明孩子进步越大，知错就改的能力越强，长此以往，孩子出问题就会越少。

不是不怕问题，是喜欢问题，只有喜欢问题才会轻松面对，积极解决。

让问题来得更猛烈些吧，因为问题是宝贝，是让家长和孩子进步的宝贝。

快和急

"快点起床。"

"快点穿衣洗漱。"

"快点吃早饭。"

"快点出门上学。"

……

这是不是你家的常见情景？从早上睁开眼睛到孩子出门上学，家长嘴里会不断重复两个字——"快点"。但是你一直在说快点，孩子手上的动作却没有快一点。

大家可以仔细想想，你是想让孩子快"一点"吗？你在催促孩子快点的时候，他快点了吗？孩子在小的时候，可能会快一点，但是随着孩子越大，他越快不起来。

为什么？

我们必须先分清两个字：快和急。

急是结果导向

什么是急？《现代汉语词典》里说，急是"想要马上达到某种目的而激动不安"。

教育应该是一个缓慢而优雅的过程。但是现在的父母很少有缓慢而优雅的，当孩子发生各种各样让他心里不顺的事情的时候，大部分的家长都是急躁和面部狰狞的。

急会产生躁，躁了之后人就不舒服，不能静下心来认真做事情，事情可能就会越做越慢。急的时候还可能会引起别人的躁。当你让别人躁的时候，别人也会不舒服，做不好事情。急是内在，躁是外在，人越急躁，事情越做不好。人对别人急躁，别人也越做不好事，因为他内心会慌张。结果是事情中的两个人互相讨厌，甚至是互相怨恨，如果和孩子之间变成了这样，那亲子关系就不会好。所以我们说，父母一着急，孩子出问题。

人为什么会急？急的人都是以结果为导向，是功利主义者。他们不顾过程中的事情，只关注结果。任何事情都是有开始、有中间过程、有结果的，急的人就想缩短这个中间过程，最快达到结果。

我们听过"急功近利"这个词，重利的人都会急。君子喻于义，小人喻于利。好人关注的是道德水平，小人关注的都是利益。"利"这个字，是用刀去割禾苗，就是指收获，收获就有利益。

人怎么做才能快？我们先看一个案例。

第四章
生命成长｜改变永远是自己

案例：

我和夫人刚结婚的时候，发现了一个现象。每天早上，六点刚过，岳母就开始在外面喊："六点半了，起床了。"她在催促我夫人起床。但是我夫人还是睡得死死的。我问她为什么。她说她已经习惯了，听不到。她能在睡梦中分辨出岳母的语气达到了哪种状态，是哪种语气和语调的时候，她就必须起床了。

后来我们有了孩子，她也这样对孩子。

我不让她催促孩子，我让她关注孩子的起床过程：第一，拉开窗帘；第二，打开窗户；第三，躺在孩子旁边，抚摸她五到十分钟，让她慢慢苏醒，再跟她玩闹十几分钟，之后就可以叫孩子起床了。持续几十天，孩子建立了生物钟，在幼儿园的时候，迟到的次数是零。

上小学的时候，有一次，孩子不想起床，睡到自然醒，去学校就迟到了。在去学校的路上，我给班主任打了个电话，请她配合我一下，好好批评一下孩子。老师就按我的要求批评了她。当天晚上，我的女儿就定了好几个闹钟，因为她很害怕第二天再面对迟到的那个后果。她开始为上学是否迟到这件事情负责了。

我们关注过程，也不想缩短这个过程，让孩子的起床过程符合规律。我们让孩子自己面对迟到这个结果。所以，早上起床对我们家孩子来说是非常美妙的一个过程。

如果一件事情开始做的时候开心，过程也符合规律，自己也愿意面对结果，人自然就会快起来。

教育要快不能急

我们常说,家庭教育应该是农业,而不是工业。工业面对的是机器和材料,要以最快的速度生产出更多的产品。农业相对于工业来讲是慢的,是让植物符合规律地成长。教育如果是农业的话,春要耕,夏要长,秋要收,冬要藏。植物该有一个整体的生长过程。过程生长到位,产的粮食、种的蔬菜就会很好吃。

缩短过程就会急。现在的工业化催生催长,在鸡饲料里加了生长激素,让鸡四十天成熟,不但鸡肉口味不对,对人尤其是孩子的身体也有不好的影响,很多水果也没了原始的味道。急造成这些生命失去了原有的本性,是非常可怕的现象。

万事万物都自有规律,绝不能违反规律,让三岁的孩子学写字,让四岁的孩子多读书,我认为这都是极其错误的教育方式。这会磨灭孩子的天性。随着孩子的长大,他可能一生都会因为不符合规律而过得不开心。

教育不能急,教育可以快。快也能达到结果。开始让人愿意做,过程要完整,不能缩短过程。

急是因为人急功近利要结果,以结果为导向,不断缩短过程,当过程缩短到不符合规律的时候,就会出问题。这件事情孩子做不到的时候,我们会更加急,就会造成亲子关系的破裂,相互不信任。到那时你才知道什么叫痛苦,你才知道无论你怎么教育,他都不愿意努力。

人为什么急?

在乎结果的人会"要"结果好,这是充满了欲望;他们会"怕"结果不好,这是充满了恐惧。当一个人充满欲望和恐惧地面对事情的时候,这件事情只会变坏,不会变好。

"要"是所有痛苦的根源,"怕"是所有负能量的根源。

痛苦的人,想要(好结果)要不到;充满负能量的人,害怕笼罩了他,因为排解不了害怕,他就会瞎折腾。父母急的本质是以结果为导向,要结果好,怕结果不好,不关注过程当中的规律,只在乎自己心里要和怕的感受,然后不断缩短过程。当孩子达不到结果的时候,父母会更想要、更怕,而越想要、越怕,就越达不到结果,最后孩子就难以成才了。

所以,教育要快,不能急。

人应该快,快就会符合规律。快的本质是需要人有信念。

怎么才能快?怎么让孩子有信念?一定要让孩子有志向。志向是孩子由内而外所产生的发自内心想成为的一种状态。当他有志向了,他就会为志向而努力,产生一种"想为我的志向而拼搏"的信念。同时,在努力的过程当中,不急功近利,爱自己,爱他人,有充足的情感,内心平和、坚定,懂得爱别人,懂得别人爱他,就会有很多人帮助他。

心态好,有信念,有方向,人际关系特别好,需要帮助时有人帮,他也愿意帮助别人,他就会效率很高。

开心快乐地去追求自己的志向,这叫快;痛苦焦虑地要结果,这叫急。

教育孩子就像在种一棵树

教育孩子就像在种一棵树。要想让树成材,家长应该怎么办?

树有根、干、枝、叶、果(见图9)。

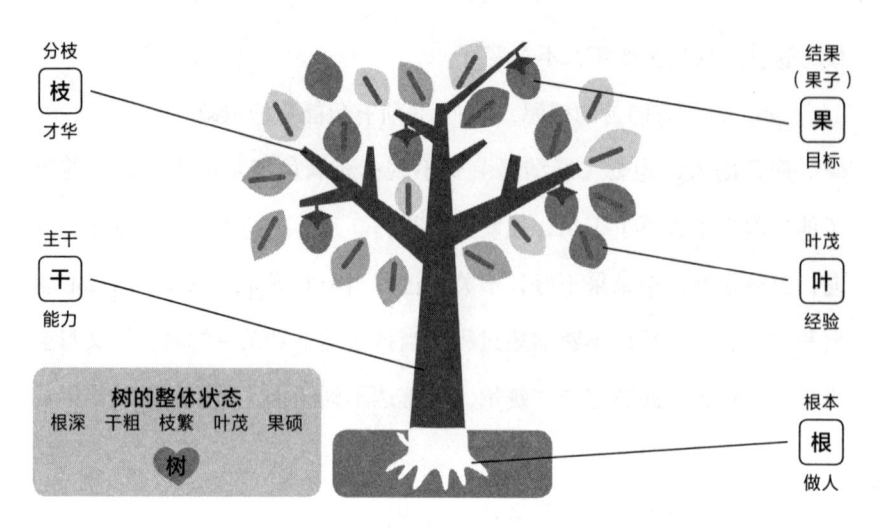

图9　教育孩子就像在种一棵树

　　现在的问题是，父母只想要果。

　　当树状态不好的时候，会不会结果？会不会结出好的果实？会不会结了恶果？

　　关注结果的人往往会忽略了树本身的成长，当树的成长出问题的时候，结果就会出问题。父母只盯着结果，要求这棵树有好的结果，又忘记了给这棵树施肥，让这棵树健康成长，最后树出了问题，更谈不上结果了。

　　根是孩子做人的准则。比如有责任、有道德，他才能做正确的事。

　　干是孩子的能力。自信和上进能让他把事情做好，事情做得越好，能力就越强；能力越强，做什么都好。

　　枝是孩子的才华。我会跳舞、划船、游泳、吹笛子。一棵树可以有很多的枝，但是枝也分主的和次的。

第四章
生命成长｜改变永远是自己

叶是知识和经验。在某一条枝上的叶子，就是某一种才艺的知识和经验的体现。我在画画上有很多的知识和经验，画画这个才艺就好。我在英语上有很多的知识和经验，英语就好。但是英语好、画画好需不需要我内在有这个能力，需不需要我自信上进？需要。还更需要我做人好。我做人好，有责任，有道德，不怕吃苦，有意志力和自控力，也有正确的方向，这样我才能结出好果子（见图10）。

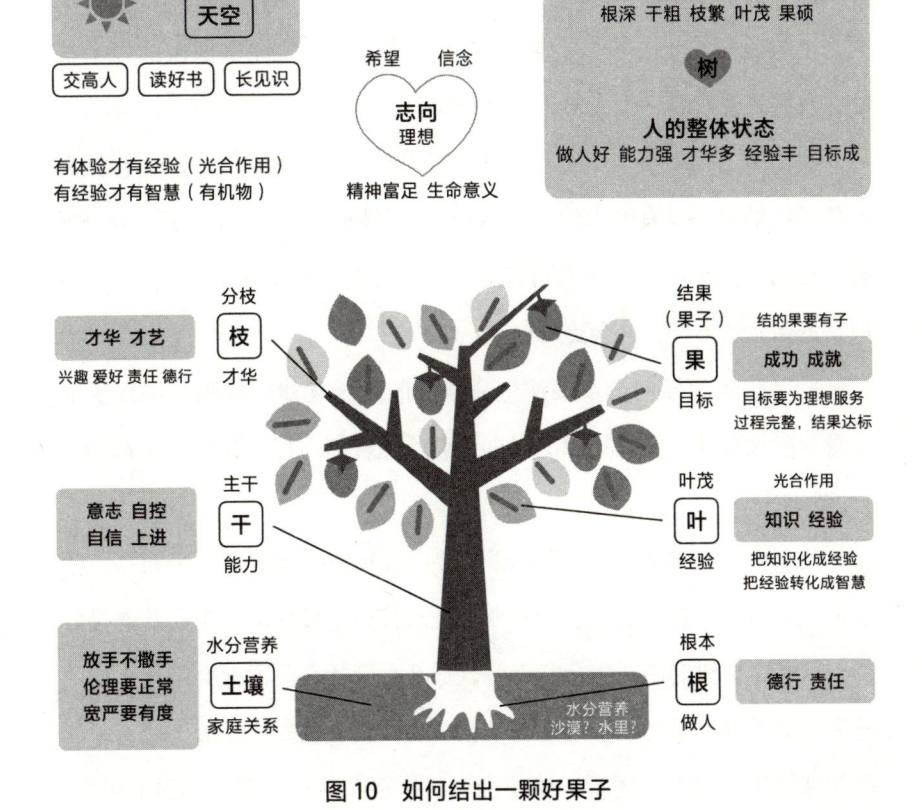

图10 如何结出一颗好果子

一个人做人好、能力好、才艺好、知识好，那么结果好不好？结果不就是这件事情他做完做好，再比别人强所表现出来的那个成果吗？

现在父母着急，不关注根，不关注干，不关注枝，不关注叶，只关注果。

有一些父母开始关注叶和枝了。想要一个好的大结果，然后报很多补习班，再给孩子报几项才艺培训。很多孩子没有根和干，家长就在果和叶上大量做文章，等孩子到了十三四岁，虽然有了不少知识和才艺，但脚踩不稳的多，不愿意承担责任的多。

我们不关注孩子的能力和做人，也不关注这棵树是否在好的环境下，土壤是否合适，空气、阳光是否合适，更不关注这棵树的根干枝叶，我们只想着要一个大果子，所以我们就会急。

我们做的很多事情不符合规律，所以现在的家庭教育中，不会做人的孩子特别多，没有能力的孩子特别多。哪怕有才艺、有知识，他也不努力使用。如果一个孩子枝叶茂盛，根干不好，也就是说他能力很强，但是道德品质不好，这会更可怕。

急以结果为导向，不关注生命本身的成长规律。快则是关注生命本身的成长规律，不以结果为导向，就像这棵树一样，树好年年都结果（见图11）。

儿童期结玩的果，少年期结爱的果，青年期结智的果……每一个阶段都应该结这个阶段的果。我们要保证这棵树是健康的，生命状态是好的。只要这棵树健康，生命状态好，那么它到什么阶段就会结什么样的好果。结了这个果之后，这个果还会自动掉到土壤里去反哺土地，来年还能结好果；这个果还可以给予别人，让别人吃到，别人尝到了甜头，

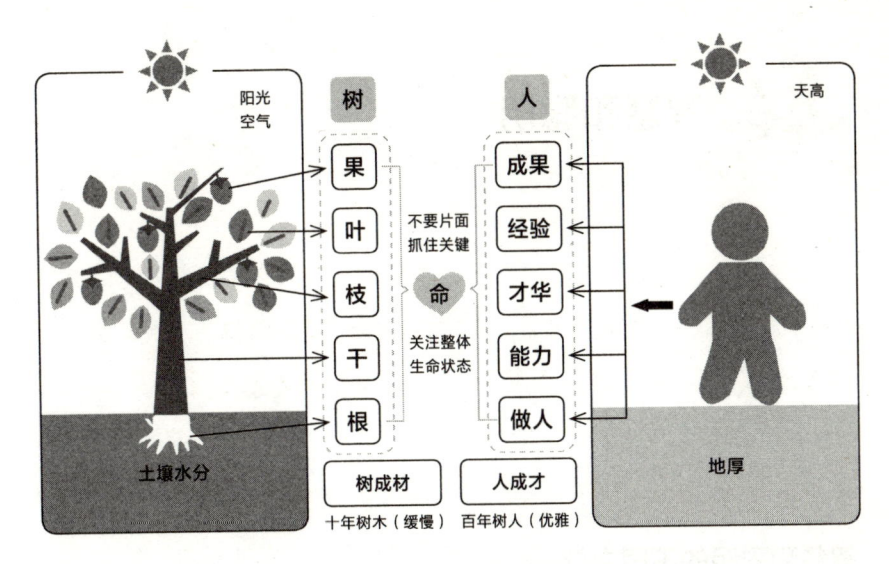

图 11 树好年年都结果

便愿意来保护这棵树，给予这棵树更多的营养，来年还有好果子长。

所以，教育只能快不能急。急就是以结果为导向，做很多违反规律的事；快就是以生命为对象，以志向为对象，做符合规律的事。关注生命本身，关注孩子本身，让孩子的生命状态好，他就会越长越快，快到一定程度，生命状态好，到点就结果，一生都有成果。

关注生命本身，生活得幸福、快乐、光明，能点亮自己，能照亮他人，他的人生就高效、快捷。在高效、快捷的基础之上，他还是一个美妙的生命，是一个健康的生命，是一个光明的生命。这才是家庭教育的最主要方向。

智慧和聪明

智慧和聪明的不同之处

我们先看智慧和聪明这两个词的构成。

聪明：耳思聪，目思明。一个人如果擅于察言观色，听到别人说的话，立刻就理解这句话是什么意思；看到别人的表情或行为举止，马上就明白这个人想要表达什么，这就是聪明。

智慧：智是日知，也就是每天都"知道"一点，每天都比昨天进步一点。拥有智慧的关键在"知道"，《管子》一书说："闻一言以贯万物，谓之知道。"

所以，并不是看了一些书，学了一些知识，就代表你"知道"了，那只是从知到到，而从知到道，道是需要践行的，也就是说，知识到智慧的过程，需要千万次的践行。

中国传统文化历来讲的都是"知行合一"。就是你懂得了一个道理，就要在生活中践行。只有真正在生活中践行，所学的知识才能转化成智慧，才能转化成自己内心的真实感受。

所以，智慧和聪明是不相同的。聪明的人未必智慧，智慧的人也未必聪明。聪明在于当下的觉察，是一时的；智慧则是恒久的积累，是永久的。

人们常说：小聪明，大智慧。

小聪明的人会告诉你如何识人观人，大智慧的人会告诉你怎样做好自己。

懂逻辑的人很聪明，懂规律的人很有智慧。

想要成为有智慧的人，就要在做中想明白，而不是想明白了再做！

智慧是经验的积累

智慧是"经验的积累"。在无数次失败的经验的积累之后，有了一次成功经验的达成，也就获得了智慧。而经验通常来自三个方面。

第一，通过自己的亲身体验总结出来的经验。

第二，通过别人的体验总结出来的经验（例如观察别人的做法，听别人的讲解，或者看别人的书和文章）。

第三，因为自己具备了很多的经验，从自己的经验和别人的经验中推理归纳出来新的体验和经验。

很多人以为自己很聪明，懂得很多，遇到具体问题时却常常会束手无策。那就只是"知到"了，却没"知道"。这极有可能是他们把自己淹没在知识的海洋里了。

而知识是用来"习"的，不是单单用来"学"的。当消化知识的速度超过了吸收知识的速度时，人就会越来越有智慧；反之，当吸收知识的速度远远超过了消化知识的速度时，那你获取的知识就有可能会成为你自我成长的巨大阻碍，让你陷入"真正的无知"和"痛苦迷茫"中。这就是为什么有些人不断地获取知识却不去实践，造成逻辑性很强却缺少做人的温度，虽然变得很聪明却远离了智慧。

换言之，知识如果不用在自己身上，其实都是阻碍人发展的桎梏，知识用在自己身上才会慢慢沉淀成智慧。很多人是聪明的，但不属于有智慧的，就是强在了知识而不是强在了智慧上，知多行少。很多人很难分清楚这两点。

知多行少的人，很容易按照自己的意愿、标准和目标为人处世，也就会"聪明反被聪明误"。

知行合一的人，按照规律为人处世，并在遵循规律的过程中不断积累经验，越来越具智慧，形成良性循环。

就像很多家长学习教育，如果把教育当知识来学，那怎么学也学不到教育的精髓。因为教育的本质是爱，爱的能量不是学来的，是感受来的，是通过能量交换而来的。如果去践行真教育，就会在践行中一点点感悟到爱，增长了智慧。

在教育孩子的过程中如何增加智慧

那在教育孩子的过程中，我们如何增加智慧呢？给大家两个小提示。

第一，智慧的天敌是嘴。

想要成为智慧家长，首先得闭上嘴。只有闭上嘴，心才能静下来，然后面对出现的问题，去开动脑筋，找到原因，想出办法，解决问题。

要想有智慧，还得懂得并学会如何迈开腿、去行动，真正做到关心孩子。帮助时讲时机，建议时就会卓有成效。

第二，静能生慧。

很多时候是因为家长缺少智慧，找不到方法，这就需要家长静下心来，去"思考""讨论"或"求助"了。

古人讲"静能生慧"，焦虑和心急的家长，很难找出切实可行的方法。《大学》里讲："知止而后能定，定而后能静，静而后能安，安而后能虑，虑而后能得。"得什么？就是得智慧。智慧是要等我们静下心以后才能得到的。

"求助"就是主动结交高人，和有智慧的人在一起。

在这里，我们送给家长一段话：世上没有不出问题的家庭，问题是可以帮我们探寻真相、提高解决问题的能力的。愚昧的人抱着现象解决问题，有智慧的人看见真相修行自己。人要学会"真正的聪明"——此处所说的聪明不再是智商上的聪明，而是"耳聪目明"。目视，一般人只能看见现象，而用心的人能看见真相，这叫明；耳听，一般人听的是声音，而有心的人能听到规律、听到声音背后的真相，这叫聪。能通过看到和听到的一切，看到和听到背后的真相，才是聪明。真正的聪明是超越耳目、发乎于心的，也就是智慧了。

拥有了教育的智慧，才能真正帮助孩子，更帮助自己。

案例：

我的儿子在上初一，我俩每天晚上都会一起玩手游。

我陪儿子玩手游的出发点是心疼他。我觉得孩子作为一名初中生不应该把所有的时间都用来学习，他需要有一段自己放松的、享受的、开心的时间，在这段时间里，他可以做他喜欢做的事情。如果家长不允许的话，那他肯定会偷偷玩或者想其他办法，因为这是他的需要。我的观点是，与其让儿子偷偷地玩，跟别人玩，不如我带着他在家玩，由我这个家长引导他积极地玩。

我陪伴儿子一起玩手游时，我俩会有很多共同语言，他会在玩游戏的时候跟我说他的想法。因为他信任我，愿意与我沟通，我们之间的感情也会不一样。

我们也会约定游戏的时间，这是他自己努力争取得来的。例如：每天能背诵默写两首古诗词，并用自己的语言解释出诗词大意，奖励玩游戏1小时；能在我随机抽查单词表时默写并读出英文单词，奖励玩游戏1小时……我奖励他，是因为他努力学习了，不是奖励他努力完成或达到的结果。

孩子也有管不住自己的时候，白天没忍住玩了手机，用光了时间，我当天就会很有原则并不带情绪地停用他的手机，同时关注儿子的感受。

儿子也在房间里偷玩过手机。我知道他偷玩手机，但是我不会突然进房间当场抓住他，这样他会很尴尬，很没面子。初中生是很需要面子和尊严的，我会另外找时间跟他聊，这样对我们都是好的。

我不是推荐大家都去玩手游，手游只是一个点，是孩子放松休闲的一个活动。这个点也可以是篮球、棋类。我们也会一起去球场打篮球，一起下厨，一起骑车，等等。

第四章
生命成长 ｜ 改变永远是自己

虽然陪孩子一起玩游戏不会让孩子的学习突飞猛进，但是会让亲子关系非常融洽，孩子长大后回忆起来，会感觉非常幸福。

很多家长视"手游"为洪水猛兽，或围追堵截，或势不两立，实际上也许只是家长内心的恐惧在作祟，陷在恐惧中的家长是无法正确看待"手游"这个时代发展的必然产物的，也就无法智慧地发挥它在家庭教育中的优势。我们看这位爸爸是如何有智慧地用好"手游"的。

第一，这位爸爸会主动陪着儿子玩"手游"，而且陪玩的首要出发点是心疼孩子。爸爸说：我觉得孩子不应该把所有的时间都用来学习，他需要有一段自己放松的、享受的、开心的时间，在这段时间里，他可以做他喜欢做的事情，游戏只是其中一部分。

第二，这位爸爸抓住了教育的精髓"关系好了，什么都好说"。亲子关系紧张了，家长很难走进孩子的内心，孩子很难把自己的内心话讲给家长听，教育就很难了。在陪伴儿子玩"手游"的过程中，父子间的共同语言让彼此更加信任，有助于沟通。

第三，与其让孩子偷着玩，不如由老爸陪着玩，引导他用正确的方式来玩，更有助于促进良好的亲子关系。同时，玩也是有原则的，比如事先约定好游戏的时长。这个很重要，不是放纵着让孩子玩。

游戏本身没有错，排斥、抗拒它，是缺少生活智慧、家庭教育智慧的表现。正如这位爸爸在充分体验之后总结出来的：游戏本身没有对错，就像刀一样，可以杀人也可以救人，还可以切肉切水果，看你怎么使用。

解决问题和问题

问"怎么办"很难解决问题

作为家长,你是不是经常想问下面的问题:

孩子不好好写作业,怎么办?
孩子总是抱着手机,怎么办?
孩子不听家长的话,怎么办?
……

在遇到孩子出现各种各样问题的时候,家长脑子里第一时间先是会着急,然后出现一个"怎么办",接着想尽一切办法去解决。这就形成了一个"怎么办—想办法—去解决"的怪圈。

为什么说是怪圈?因为我们这么努力地解决孩子从小到大产生的问题,但好像并没有特别成功地解决过其中一个问题,而且更可怕的是好

第四章
生命成长 | 改变永远是自己

像问题越解决越多，甚至越解决问题越严重。

只要是用"怎么办"的方式解决人的问题，都很难解决得了。

为什么呢？

大家也可以好好回想自家是不是这个情况。这么多年，你遇到的关于家庭的问题（诸如夫妻问题、亲子问题等），在问"怎么办"的时候，问题究竟解决了没有？

家长不知道"为什么"，只想"怎么办"，就是在找方法。

一遇到问题就想怎么办的家长是解决不了问题的！只会找方法的家长都不是好家长，因为找方法会只关注结果，不关注过程；只关注事情，不关注孩子。孩子感受不到家长的"爱"，就不会发自内心地配合家长。

在做事的层面上，大家都懂得"找到原因，再想办法，才能解决问题"的道理。

好比，电视机不能用了，我们首先应该检查是不是电源问题、插座问题、芯片问题，如果不检查不找到原因，只想"怎么办"，请问能修好电视机吗？

出现问题，在选择方法和逃避之间，有一些非常重要的东西常常被人忽略，就是"真相"是什么，我是谁，我到底缺什么，我缺的部分要如何补。一般家长总想着怎么解决问题。比如学习不好就补课，或周末不能出去玩，再不行，给孩子转学。很多家长都说自己给了孩子很多选择，却从未想过孩子到底为什么会这样，孩子到底是谁，他到底缺什么，缺的该怎么补，所以，在遇到问题和困难的时候，不要先去做选择，或者说在你了解真相之后再做出选择。孩子的表象是成绩下降了，有些家长遇到困难和问题要么选择补习，总想解决问题；要么选择逃

189

避，总想绕过问题。那孩子缺什么，家长有考虑过吗？

请记住，你看到的孩子的问题，往往都是现象，不是问题本身，在现象上做文章往往是徒劳。

希望家长们把"怎么办"扔掉，多想想"为什么"，虽然找到孩子问题的原因太难了，但这是唯一有效的方法，而且非常有效。找到原因，问题就一定能解决。

解决问题和问题是没有关系的

问题和解决问题有关系吗？

你也许会毫不犹豫地回答：当然有。我就是因为遇到了教育问题才来读这本书的，我读这本书就是想解决我遇到的教育问题。

在给出答案之前，更确切地说，在给出这个问题的真相之前，我们先从很多家长都会遇到的问题入手，来感受一下。

孩子不好好写作业，是很多父母都会遇到的问题。

有的父母会温柔耐心地对待，让孩子在不厌学的基础上，慢慢地帮助他热爱学习。

有的父母会因此上蹿下跳，没有耐心，发脾气，打骂，最后有可能导致孩子厌学，甚至休学。

同样是面对一个问题，每个人的表现会很不一样，所以问题只有一个意义：就是它能让你看到，你是一个什么样的人。

有负能量的人，遇到问题，心里充满的是要和怕。他的感受就是烦厌怨恨。烦孩子，烦爱人；烦着、烦着又没办法解决就会讨厌，讨厌还

第四章
生命成长 | 改变永远是自己

没法解决就会怨，怨到最后就会恨。遇到问题，烦厌怨恨在他心中，让他很不舒服。

这时候他通常会开始假装解决问题，实质上用的是忍、哭、闹、辩（辩就是讲道理、争对错）、要、逃的方式，最终问题没有得到解决，还可能越解决问题越大。

回到具体的例子，孩子不好好写作业，家长开始烦："你能不能写得好一点？"

过了几天以后，还解决不了，家长就会说："你讨不讨厌呀？"

再过两天，还解决不了，家长就会说："我怎么生出你这样的东西啊？恨死你了，怨死你了。"

最后上手打，恨铁不成钢。在这个过程中循环往复。

用这样的方式，孩子能写好作业吗？能解决孩子写作业慢的问题吗？当然不能！

很多中国父母在遇到问题的时候，心里就两种能量——要和怕；四种感受——烦、厌、怨、恨；六种方法——忍、哭、闹、辩、要、逃。不仅不能解决问题，还可能会让问题更大、更多。越解决问题就越会陷入问题，一旦陷入问题，就又开始在图12右边的圈中循环（我们叫它黑圈）。可能很多父母，这一生在教育孩子的问题上，都在黑圈里绕来绕去，最终无奈地说："就这样了。就这样过吧！"从来就没有解决过任何问题。

与之形成鲜明对比的是，遇到问题，有正能量的人心里充满了爱和信。

他的感受是心中充满着温暖和力量。

191

他的心态是"我可以我能行"。这其实是上进和自信。

他的行为是找原因想办法。

因为他找原因想办法就会去行动，会去解决问题。如果这个办法没解决问题，但由于他内心是积极阳光的，他就会继续从另一条路找原因想办法，不断试错改错，直到最后解决问题。

问题解决了，他更自信了，更觉得自己是可以的，就形成了正能量的循环，也就是图12左边的圈，我们叫它红圈。

如果我们遇到任何事情，都能从黑圈走到红圈里，还会有问题吗？

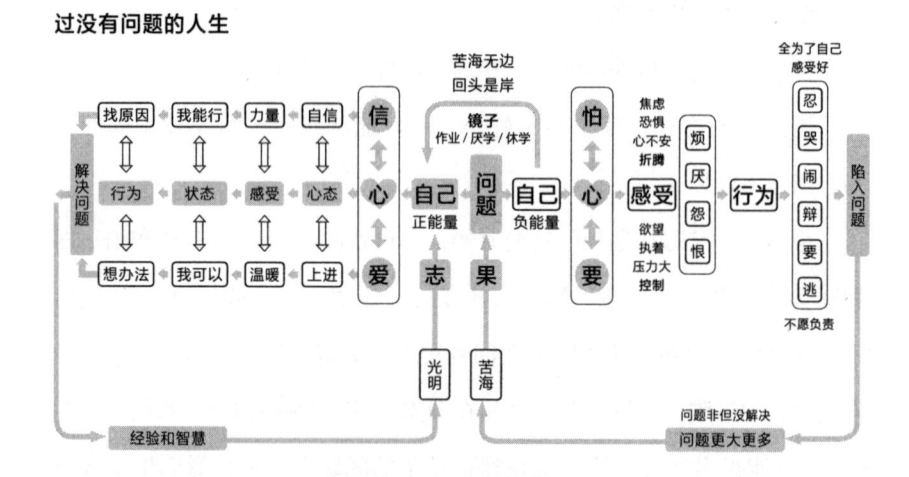

过没有问题的人生

看似遇到了问题，其实遇到的是自己

图12 解决问题和问题是没有关系的

请仔细看图12，有一个非常重要的地方：解决问题和问题是没有关系的。陷入问题的人一直在黑圈中绕，解决问题的人一直在走红圈。换言之，这个世界没问题，只有解决问题。有正能量的人解决问题，有负能量的人一生都抱着问题，无法解决，然后问题越大，问题越多。

遇到所谓的教育问题的家长，可以反思一下，在教育孩子的过程中，你们是不是一直在黑圈里，最后问题越来越大，越来越多？

在黑圈里的父母，做的所有事情都不是为了解决问题，而是为了让自己不烦不厌不怨不恨，因为烦厌怨恨太难受了，一定要做点事让自己不难受，全是在为自己，更准确地说是为自己不再害怕或达到自己的欲望。这种人实际上非常自私和自我，一直在假装解决问题。

在黑圈中是解决不了人的问题的，是教育不好孩子的。需要指出的是，如果是在事情上解决问题，比如修电视机、单位里面做账，无关乎黑圈红圈，这些问题都能解决，因为它跟人无关。跟人有关的，必须在红圈里。

在黑圈里的父母，他们的孩子会怎么样呢？孩子接收着父母的负能量，一般不会恨父母，他们恨学习，会厌学。

当他烦厌怨恨学习的时候，他就厌学了。

当他烦厌怨恨工作的时候，他就跷班了。

当他烦厌怨恨自己的时候，他就自卑了，甚至会自残自杀。

当他烦厌怨恨别人的时候，他就跟别人关系不好了。

这样的孩子会有真正的幸福吗？！

我们再看图12，一定要看红圈里面有"问题"二字吗？没有，红圈里面只有"解决问题"四个字，红圈里的人生是没问题的。实际上，问题和解决问题没有任何关联。因为问题是现象，等你真正解决问题的时候，你会发现现象背后有真相，你要解决和面对的是真相，而不是那个现象。

黑圈里的人关注问题的现象，红圈里的人关注问题背后的真相，通过真相解决问题。当你通过问题看到问题背后的真相的时候，问题就被扔掉了。

孩子不好好写作业只是一个现象，背后的真相有很多种可能，如图13所示。

上课听不懂	我们是解决作业问题，还是解决听课效率问题？
没有责任心	我们是解决作业问题，还是解决责任心问题？
厌学	我们是解决作业问题，还是解决厌学问题？
没有上进心	我们是解决作业问题，还是解决无所谓问题？
不喜欢老师	我们是解决作业问题，还是解决"挑食"问题？
和父母对抗	我们是解决作业问题，还是解决亲子关系问题？
不会写作业	我们是解决作业问题，还是解决学习方法问题？
拖延症	我们是解决作业问题，还是解决拖延症问题？
没有自控力	我们是解决作业问题，还是解决自控力问题？
……	……

图13　孩子不好好写作业背后的若干真相

当你看到真相的时候，你就会把现象扔掉，扔掉现象后，你才开始真正解决问题。问题一得到解决，你开心了，周围人也都开心；你能力提升了，智慧增加。所以，写作业的问题，还有厌学的问题、休学的问题等，都只是现象，不是真相，都不是要解决的问题，都只是把真正的问题呈现出来的现象而已。

第四章
生命成长 ｜ 改变永远是自己

问题就像一面镜子，照见你是正能量还是负能量，照见你是在红圈还是在黑圈。在黑圈的人都是抱着现象的人，在红圈的人都是通过现象去寻找真相的人。

我们常说：重要的不是解决什么，而是你追求的方向。对于在黑圈里绕的人，我们要做的事情是，把他们从黑圈里拉出来，让他们成为有正能量的人。这个过程有点艰难，但是成长之后，他们的家会幸福，人会变得阳光，孩子会自律积极向上。

所以，你看似遇到了问题，其实遇到的是真实的自己。你需要解决的根本不是问题本身，你首先要解决的是自己，解决你面对问题时的心态、感受、状态、行为。如果问题一出来你就想解决问题，那你是走不进红圈的，因为问题和解决问题中间隔了一个你。你是黑色的，你是负能量的，你就直接进黑圈；你是红色的，你是正能量的，你就走进了红圈。你必须走进红圈才能解决问题。

我们所做的所有的事，就是让你从黑圈走到红圈，从充满负能量的自己变成充满正能量的自己。只要能走进红圈，拥有进入红圈的能力，家长们所遇到的教育问题就会迎刃而解。

后记
EPILOGUE

爱与幸福理论是一套基于中国传统文化的家庭教育理论，一直遵循"听得懂，可操作，有效果，有出处"这12字方针，经过17年的实践检验，已让千千万万家庭受益。这套理论也在实践中不断完善。

这里所说的"有出处"，是对中国5000年传统文化的传承。爱与幸福理论秉承教育应该基于文化，在文化中做教育，重视传承和践行。

因此，郑委老师自从2010年出版了《为孩子做出1%的改变》《父母做对了，孩子才优秀》《爱学习、会学习、能学习》三本书之后，在销量非常好，至今还有很多人和出版社都希望再版的情况下，他一直拒绝再出书。他说，当时出版这三本书，是自己年少无知，出书之后，他最深切的感受，或者，他认为正确的态度应该是"述而不作"。也就是说，在郑委老师看来，爱与幸福理论不是他自创的，而是中国优秀的传统文化在当代家庭教育领域的践行和发展；郑委老师用浅显易懂的语言叙述和阐明传统文化的精髓，这里面凝结的是老祖宗几千年的智慧，并不仅仅属于他个人。

爱与幸福文字中心的每一位成员，看着这一年年沉淀下来的理论文字和实践案例，深知其可贵的同时，都有一个共同的心声：爱与幸福不是不再出书，而是时机未成熟；时机成熟，我们一定会将之公开出版，惠及更多人。因为爱与幸福的理念和宗旨就是"幸福小家，帮助大家，贡献国家"。如果我们能用这套理论为国家为社会做些什么，那一定义不容辞。

恰逢当下国家倡导民族复兴，教育回归，我们深感一切准备就绪，那就行动吧！

于是，就有了这一套"爱与幸福系列"图书的出版。爱与幸福系列图书是由爱与幸福文字中心对郑委老师多年来的讲课、答疑、直播的内容进行系统整理，并编撰成稿，由郑委老师审定完成的。这本书是爱与幸福系列图书里的第一本。

在此也想和大家说明：由于本书是根据郑委老师现场讲课、答疑、直播整理出来的文字资料进行编写，难免有内容带着当时的语境；同时，对不同的家庭给予的指导又都是个性化的，所以，读此书时，有些地方在不完全了解前后语境的情况下，会感觉有自相矛盾之处。

例如，爱与幸福理论提出"不要努力，要勤奋"。可又会在某个案例中，告诉孩子"要高高兴兴地努力，开开心心地改错"。这不是自相矛盾吗？原因是这个案例中的孩子只有六岁，我们得用孩子听得懂的语言告诉她，讲得复杂，孩子理解不了。和她说学习时，要高高兴兴地努力，意思就是要保持好的心态去努力，其实，以好的心态去努力就是勤奋。通读全书之后，"矛盾"就会自然而然地消失了。

我们未来还会有更多书籍出版。因为爱与幸福是一个完整的、系统

后记
EPILOGUE

的以家庭教育为主线，实质是关乎人一生如何幸福生活，如何让生命走向光明的理论体系。爱与幸福会尽其所能去帮助每一个有缘的家庭，这是我们一直追求的意义所在！

爱与幸福文字中心

2022年8月